Das Eisenbahn-Jahrhundert

Bild 1 Eisenbahn-Jahrhundert — Zeitalter der Dampfmaschine, der fauchenden Lokomotiven und mächtigen Dampfwolken. Personenzug Goslar-Altenau auf der Fahrt in die Harzberge, Februar 1967

(Foto: Rotthowe)

Karl-Ernst Maedel

Das Eisenbahn-Jahrhundert

Die große Zeit
der Dampflokomotiven

Deutsche Eisenbahngeschichte
in Wort und Bild

Mit 14 Karten und 148 Fotos
auf 96 Kunstdrucktafeln

Franckh'sche Verlagshandlung Stuttgart

Schutzumschlag gestaltet von Edgar Dambacher
(„Großstadtbahnhof bei Nacht", Wiedergabe nach einem Gemälde von Hans Baluschek)

Franckh'sche Verlagshandlung, W. Keller & Co., Stuttgart / 1973 / Alle Rechte, auch die des auszugsweisen Nachdrucks, der fotomechanischen Wiedergabe und der Übertragung in Bildstreifen, vorbehalten / © Franckh'sche Verlagshandlung, W. Keller & Co., Stuttgart, 1973 / Printed in Germany / Imprimé en Allemagne / ISBN 3-440-04035-6 / LH 19 hä / Druck: Johannes Illig, Buch- und Offsetdruckerei, Göppingen

Das Eisenbahn-Jahrhundert

Das Eisenbahn-Jahrhundert in seiner historischen Bedeutung

Eisenbahn-Jahrhundert — gibt es einen solchen Begriff überhaupt? Unter einem Jahrhundert stellen wir uns einen Zeitraum vor, der natürlicherweise mit dem Jahre eins beginnt und mit dem Jahre hundert abschließt.

Nur selten aber stimmt das kalendermäßige Säkulum mit den Perioden der politischen und wirtschaftlichen Entwicklung überein. So begann das neunzehnte Jahrhundert in nachfriderizianischer Lethargie, aufgeschreckt durch die aus Frankreich tönenden Fanfaren der Revolution. Es endete nach einem geradezu märchenhaften Aufschwung im imperialistischen Wettbewerb der neu entstandenen Großmächte bei gegenüber dem Jahre 1800 völlig veränderten Verhältnissen.

Nein, unter Eisenbahn-Jahrhundert verstehen wir etwas anderes. Es umfaßt jene Epoche Menschheitsgeschichte, in welcher der Schienenstrang d a s Verkehrsmittel überhaupt darstellte, als man — fiel das Wort Reise — zwangsläufig an die Eisenbahn dachte. Der erste Spatenstich zum Bau der Leipzig-Dresdener Eisenbahn, jener ersten deutschen Fernbahn, mag die Ära des Schienenverkehrs im Jahre 1836 eröffnet haben. Wohl war am 7. Dezember 1835 bereits die kurze Eisenbahnstrecke Nürnberg — Fürth in Betrieb genommen worden, aber sie muß wohl mehr als ein Modell in natürlicher Größe gewertet werden, ist sie doch nie Teil des deutschen Eisenbahnnetzes geworden, vielmehr in der Nürnberg-Fürther Straßenbahn aufgegangen.

Läßt sich also der Beginn des Eisenbahn-Jahrhunderts ziemlich genau festlegen, so ist auch sein Ende bestimmbar. Kraftwagen und Flugzeug erfuhren nach der Jahrhundertwende gewaltigen Auftrieb. Sie gaben der Entwicklung des Landverkehrs die entscheidende Wende, als es gelang, das Auto zu erschwinglichem Preis und in großer Stückzahl als Massenverkehrsmittel herzustellen. Henry Ford blieb es vorbehalten, im Jahre 1907 mit dem Entwurf seines T-Modells, jenes ersten „Volksautomobils", das Todesurteil über die Eisenbahn zu sprechen. 1922 beschäftigte das von ihm gegründete Unternehmen in Detroit bereits 90 000 Arbeiter. Die Vollstreckung des Urteils zog sich allerdings bis 1945 hinaus, nachdem 1938 in Deutschland der sogenannte Volkswagen erschienen war, der dem Kraftfahrzeug in Europa zu einem nicht vorausschaubaren Siegeszug verhelfen sollte.

Ein emotionelles Moment kam hinzu. Im Zweiten Weltkrieg hatte der Schienenverkehr nochmals eine späte Blüte erlebt. Aber es war eine Scheinblüte, beeinflußt durch die Abhängigkeit des Kraftfahrzeuges von Treibstoffen, die nicht unbegrenzt zur Verfügung standen. In Wirklichkeit hatten die Kriegsjahre den geistigen Wandel beschleunigt, vermittelten sie doch erstmals weiten Kreisen der Bevölkerung die Bekanntschaft mit dem Auto. Man erfuhr seine Annehmlichkeit, seine Mobilität, seine Exklusivität. Das Auto vermittelte ein Gefühl von Persönlichkeit, die Eisenbahn blieb Massen-Transportmittel. Zu viel negative Reminiszenzen waren mit der Schiene verbunden, sie verkörperte Zwang, Unterordnung, Unfreiheit, Lästigkeit. Auto hingegen bedeutete Freiheit, Unabhängigkeit, Individualität. Da in jenen Jahren ohnehin die halbe Nation Soldat in irgendeiner Form war — gleich an welcher Stelle —, erscheint es nur natürlich, daß man mit dem Ende des Krieges auch den Zwang der Eisenbahn abzustreifen suchte. Den eigenen vier Rädern galt die große Sehnsucht der befreiten Menschheit. Im Mai 1945 ging auch das Eisenbahn-Jahrhundert zu Ende ungeachtet der Einzelerfolge, die sich besonders auf konstruktivem Gebiet hier und da noch einstellten.

Die heutige Eisenbahn ist etwas anderes. Sie ist ein Verkehrsmittel unter anderen, steht im Wettbewerb mit Auto und Flugzeug, mehr noch, in hartem Existenzkampf. Begriffe wie „Gesundschrumpfen" beleuchten die Situation im einzelnen. Seien wir ehrlich: Die zweite Hälfte des zwanzigsten Jahrhunderts gehört dem Auto. Der Luftverkehr hat sich zwar zu immenser Bedeutung entwickelt. Derzeit sind die Bedingungen jedoch noch derart, daß der Entwicklung im Luftraum eine Grenze gesetzt ist, während die Voraussetzungen auf dem Lande ungleich günstiger ausfallen und sich in ständiger Ausweitung — mehr Autos, mehr Straßen — ausdrücken.

Über hundert Jahre hinweg hat also die Eisenbahn im Mittelpunkt des Landverkehrs gestanden, hat die Welt aus dem Dornröschenschlaf kümmerlicher Selbstgenügsamkeit zu weltumspannender Aktivität geweckt, hat den Einzelmenschen aus der geistigen Enge seiner vier Wände zu weltweitem Blick geführt, so daß selbst nüchterner Sinn die Bedeutung der Eisenbahn für den Fortschritt der Menschheit anerkennen muß.

Unter Eisenbahn-Jahrhundert verstehen wir aber auch jene Epoche Kulturgeschichte, während welcher die Funktion der Städte noch nach dem Bahnhof ausgerichtet war, als Hotels, Post, Geschäfte die Bahnhofstraße bevorzugten und der Bahnhofsvorplatz gern die „Visitenkarte" der Stadt genannt wurde. Das war jene Zeit, als die zumeist unsichtbare Funktionsweise der neuen Technik — vom rauchenden Fabrikschlot abgesehen — auf dem Schienenstrang jedermann offenbar wurde. Man liebte die Eisenbahn nicht, aber man bewunderte sie, man staunte über die Imposanz der Lokomotiven, über ihre gewaltigen Räder mit den kreisenden Treibstangen, über die mächtigen Dampfwolken und die donnernden Auspuffschläge. Dieses etwas distanzierte Verhältnis blieb bis in die ersten Jahrzehnte unseres Jahrhunderts bestehen. Denn Auto und Flugzeug stellten zwar neue technische Sensationen dar, galten aber für den Bürger zunächst als unerreichbar. Wer konnte sich schon ein solches Gefährt leisten, vom Fliegen ganz abgesehen?

So umschließt das Eisenbahn-Jahrhundert die Lebensform zwischen den Zeiten, zwischen der des seßhaften Ackerbürgers zu Beginn des 19. Jahrhunderts, und der des vom Auto beherrschten Vaganten der Gegenwart. Der Begriff Reise wurde durch die Eisenbahn zum Allgemeingut. Vorher haftete dieser Vokabel etwas Schreckliches, etwas Furchterregendes an. Es war die Scheu vor der Ferne, vor den Strapazen, vor der Ungewißheit, in die solch eine Reise führte. Die Eisenbahn nahm diesem Wort seine Schrecken, nachdem die Angst vor dem

Neuen überwunden war. Ja, sie machte die Reise erst für breite Schichten des Volkes erschwinglich.

Gewiß blieb die Beziehung Fahrgast — Eisenbahn von Anfang an zwiespältig. Da gab es das genüßliche Vorbereiten auf den Tag der Bahnfahrt, das Kofferpacken als Vorfreude auf viele zu erwartende Eindrücke. Der Gang zum Bahnhof entsprach beinahe dem Gang zur Kirche. Man begab sich zeitig zum Zuge, wartete voller Spannung und fieberte unter dem so völlig ungewohnten Fluidum des Bahnhofs, das für den Durchschnittsbürger voller Geheimnisse wie eine Welt von einem anderen Stern zu sein schien.

Die Fahrt selbst bot eine Fülle von Erleben, das rasselnde Einlaufen des Zuges, jenes hastige Einsteigen in der Furcht, der Zug könnte vorzeitig abfahren, jenes Suchen eines Platzes, der selbstverständlich an einem Fenster gelegen sein sollte, dann die Fremdheit des Abteils, an die man sich erst gewöhnen mußte. Dazu dieser unnachahmliche Eisenbahngeruch, jene Mischung aus Wasserdampf und Kohlenruß, angereichert mit Molekülen feinster Eisenabriebs, dazu immer ein Quäntchen Toilettenduft. Dann der Augenblick des Abschieds, der Abfahrt, der unter den schweren Auspuffstößen der Lokomotive nicht einer gewissen Dramatik entbehrte. Bis sich ganz allmählich ein Gefühl von Ruhe und Geborgenheit einstellte, Geborgenheit in jener Miniaturwohnung, Abteil genannt, die infolge der vorbeieilenden Landschaft so wohltuend fühlbar wurde.

Doch von Anfang an hat es wohl auch jene andere Form des Reisens gegeben, jenes hastige Kofferpacken, die eilende Droschkenfahrt zum Bahnhof, das ungeduldige Hinaufhasten zum Bahnsteig und die nervöse Unrast bis zum Einlaufen des Zuges. Das beziehungslose Nur-Benutzen des Bahnwagens, gehetztes Erwarten des Reiszieles, durch flüchtiges Blättern in Zeitungen und Büchern verstärkt, aber nicht gemildert.

Dieser Typ des Reisenden stand der Schiene wohl immer feindlich gegenüber, griff begierig zu dem dargebotenen individuellen Fortbewegungsmittel Auto, erst recht zur Möglichkeit des Fliegens, Verkehrsmittel, die aus der Sache heraus die zur Schau getragene Geschäftigkeit nur unterstrichen.

Eisenbahn-Jahrhundert — darunter verstehen wir schließlich jenen Zeitraum, der ein Neues in die Welt brachte, den Begriff der Masse und deren Beförderung. Ging das Entstehen der Menschenmasse mit der Entwicklung der Industrie schlechthin konform, so blieb deren Transport dem Aufkommen der Eisenbahn vorbehalten, will man von der andersgearteten Schiffahrt absehen. Massentransport, das bedeutet die Beförderung gewaltiger Arbeiterheere in die industriellen Ballungsgebiete, wie sie in ihrer heutigen Form erst durch die Eisenbahn möglich wurden. Das bedeutet das Entstehen des Begriffs des Pendlers, jener täglich zweimaligen Eisenbahnbenutzer, jenes Konglomerates aus unausgeschlafenen, mürrischen, abgespannten, vergrämten, sorgenden Menschen, deren Kampf mit der artfremden Welt der Industrie immer wieder Spannungen erzeugte.

Das bedeutet aber auch die Beförderung blasser, sonnenhungriger Großstadtbewohner in gesunde, landschaftliche Idylle, das bedeutet Sonntagsausflugzug und Vorortbahn, Klänge von Gesangvereinen und schwatzende Schulklassen, Licht und Luft im Gegensatz zur Düsternis und Enge der Stadt, die sich mehr und mehr zum alles bedrohenden Alptraum entwickelte.

Freilich, Massentransport, das war ein Begriff, wie er kaum schrecklicher die bis dahin ahnungslose Menschheit überfallen konnte. Wir kennen ihn alle als jenen wahnwitzigen Kreislauf, wie er allein in Deutschland bei sich ständig übersteigerndem Umfang fünfmal das Eisenbahn-Jahrhundert heimsuchte, jene Transportfolge von Kohle und Erz, Kanonen, Soldaten, Flüchtlingen. Und immer wieder Kohle und Erz, Kanonen, Soldaten, Flüchtlinge. Bis im Jahre 1945 der letzte Flüchtlingszug auch das Eisenbahn-Jahrhundert abschloß. In einem Meer von Tränen ging der Massentransport unter als das Schrecklichste, was die Eisenbahn hervorgebracht hat.

So empfinden wir es als ein stolzes, aber auch fragwürdiges Wort, das als Titel unserem Buche voransteht. Wie gut und böse fundamentale Eigenschaften im menschlichen Leben sind, so hat das Eisenbahn-Jahrhundert den Hunger gebannt, Grenzen überwunden, aus dem Ackerbürger den Weltbürger entstehen lassen und ihm die Erde mit all ihren Schätzen und Köstlichkeiten getreu dem Bibelwort untertan gemacht. In gleichem Maße hat es millionenfachen Tod ermöglicht, hat das Grauen Wirklichkeit werden lassen und geholfen, die Fratze der Bestie Mensch um weitere scheußliche Züge zu vermehren. Lassen wir daher die große Zeit des Schienenstranges, so wie sie sich in unserem Lande darstellt, auf den folgenden Seiten in einer Gesamtschau noch einmal an unserem geistigen Auge vorüberziehen, von den kärglichen, mühsamen Anfängen über die großen Stunden der Schiene bis zum Zusammenbruch im Jahre 1945, wo ein unsichtbarer Weichensteller der Geschichte eine andere Wende gab.

*

Der große Umbruch in der Geschichte des Abendlandes, der schließlich zur ersten technischen Revolution und zum Beginn des Industriezeitalters führen sollte, zeichnete sich bereits um 1780 ab. Die letzten beiden Jahrzehnte des 18. Jahrhunderts sind deshalb so bedeutsam, weil sie den Übergang von der feudalistisch-aristokratischen Staatsform zum bürgerlich-nationalstaatlichen Europa brachten, ein Prozeß, der um 1830 herum einen ersten Abschluß fand. In jenen fünfzig Jahren vollzog sich die Auflösung der alten, noch aus dem Mittelalter stammenden gesellschaftlichen Hierarchie. Das Bürgertum stieg zum zweiten Stand im Staate auf, in seinem Gefolge gewann der Begriff des Kapitals zunehmend an Bedeutung als wichtigste Voraussetzung für das Industriezeitalter überhaupt. So steht am Ende dieses entscheidenden Wandlungsprozesses, der durch Revolution und Napoleonische Kriege mehrfach unterbrochen wurde, das Zeitalter des Kapitalismus, das fast unverändert bis zum Zweiten Weltkrieg angedauert hat. Erst in unserer Gegenwart, die wir gern als die zweite technische Revolution bezeichnen, scheint sich ein abermaliger gesellschaftlicher und politischer Wandel anzubahnen.

8

Die Welt des Jahres 1830 bot ein damals neues Bild. Technisch-industriell stand England schon seit der zweiten Hälfte des 18. Jahrhunderts allen Ländern Europas weit voran und übernahm in dem sich anbahnenden Prozeß der industriellen Revolution die Führung. Ausgangspunkt war die Entwicklung des Textilgewerbes gewesen. Baumwolle strömte aus den Kolonien nach England und rief die Produktion von Stoffen und Tuchen ins Leben. Ein selbständiger Wirtschaftszweig entstand, die Textilindustrie. Und mit ihr das Unternehmertum mit all seinen Attributen von Risiko, Preis, Konkurrenz, Profit. Von 1760 bis 1840 stieg die Verarbeitung von Rohbaumwolle in England von 2,5 Millionen Pfund auf 366 Millionen Pfund. Die Wirtschaft dieses Landes, und das ist wohl einer der Kernpunkte des Geschehens, hatte weit weniger unter Kriegen, staatlichen, provinziellen, kommunalen und berufsständischen Vorschriften und Einschränkungen zu leiden als die des Kontinents. Kurze Wasserwege sorgten für billigen Transport, eine leistungsfähige Handelsmarine, die von einer starken Flotte beschützt wurde, ermöglichte Absatz weit über Europa hinaus. Zollgrenzen wie auf dem Kontinent kannte man in England nicht. Anhaltend ruhige Entwicklung der Wirtschaft hatte beizeiten zu einer gewissen Wohlhabenheit auch der einfachen Bevölkerungsschichten geführt, so daß ein natürliches Käuferpublikum vorhanden war. Der Lebensstandard lag zu jener Zeit in England am höchsten von ganz Europa. Treue hat bereits darauf hingewiesen, daß die Konzentration der Bevölkerung in Städten, ein wichtiger Faktor für die Bildung zentraler Märkte, in England auch außerhalb Londons weiter fortgeschritten war als in Frankreich, Deutschland oder den Niederlanden. Es kam hinzu, daß das Volksvermögen und das aus diesem zur Verfügung stehende Kapital größer, die Zinssätze niedriger, vor allem, daß die ersten Maschinen — primitive, aber leistungsfähige und kräftige Modelle — erstaunlich billig waren; das gleiche gilt von der Antriebskraft und den Fabrikbauten. Neben der Textilindustrie stand die Eisenindustrie an zweiter Stelle, damit verbunden der Kohlebergbau. Während Kontinentaleuropa sich in blutigen Kriegen zerfleischte, entwickelte England die Erzverhüttung mittels Koks, ein Prozeß, an den in Deutschland niemand zu denken wagte.

Diese rasch aufblühende Industrie erforderte eine billige Energiequelle als zwingende Voraussetzung. Bescheidene Erfolge wies bereits die 1711 von Newcomen entwickelte Dampfmaschine auf. Sie wurde überwiegend zur Wasserhaltung in den Bergwerken eingesetzt. Aber erst Watts Niederdruckdampfmaschine und deren allmählich billiger werdende Herstellung nach Entstehen einer speziell auf ihre Belange ausgerichteten Präzisionsindustrie führte die entscheidende Wende zur Großproduktion herbei. Die technischen Fortschritte der Industrie wurden ängstlich gehütet. Man muß einmal lesen, mit welchen Mitteln der von Friedrich II. 1783 nach England entsandte Bergassessor Bückling hinter die Geheimnisse der Wattschen Dampfmaschine zu kommen versuchte, mußten doch damals sogar die Abgesandten der Pariser Akademie der Wissenschaften unverrichteter Dinge wieder abreisen. Immerhin wurde diese erste Dampfmaschine, die Karl Friedrich Bückling unter ungeheuren Schwierigkeiten bauen ließ, am 23. August 1785 im König-Friedrich-Schacht bei Hettstedt in Betrieb genommen. Bis 1825 untersagte England seinen Handwerkern die Auswanderung, bis 1842 sogar die Ausfuhr wichtiger Maschinen, besonders für das Textilgewerbe.

Die Erfindung der Dampfmaschine bot sich zur Weiterentwicklung als Schienen-Traktor geradezu an, ein Vorgang, der sich mit zwangsläufiger Konsequenz vollzog. Parallel zur Eisenbahn verlief die Entwicklung des Dampfschiffes. Der Fortschritt beider Verkehrsmittel zog das Entstehen anderer, neuer Industriezweige nach sich, deren Wirken wir bis in unser Jahrhundert verspüren.

Stellen wir kurz noch einmal die wichtigsten Daten der Eisenbahnentwicklung zusammen.

1804 erfand der Engländer Richard Trevithick die erste brauchbare Hochdruck-Dampflokomotive, der 1805 und 1808 noch zwei weitere Maschinen folgten.

1812 bauten Murray und Blenkinsop eine Lokomotive mit Antrieb über ein in eine Zahnleiter eingreifendes Zahnrad.

1813 baute Hedley vier Lokomotiven für eine Kohlenbahn.

1814 trat dann George Stephenson erstmals in Erscheinung, der der Dampfeisenbahn endgültig zum Durchbruch verhelfen sollte. Aber auch ihm glückte der große Wurf nicht auf Anhieb. Seine ersten Lokomotiven wiesen Mängel auf. Zwar wurde die erste größere Eisenbahnstrecke der Welt von Stockton nach Darlington bereits mit einer Dampflokomotive eröffnet, aber das Pferd erwies sich noch immer als zuverlässiger. Ja, in den zwanziger Jahren trat eine gewisse Krise ein, es gab Pläne, die Lokomotiven gänzlich wieder abzuschaffen.

Erst 1829 glückte Stephenson gemeinsam mit seinem Sohn Robert der große Wurf. Für die Inbetriebnahme der neu erbauten Eisenbahn Manchester — Liverpool war ein Preisausschreiben für die beste Maschine veranstaltet worden. Stephensons „Rocket" gewann im Wettkampf mit anderen Bewerbern den ersten Preis, es gelang ihm, die maßgebenden Unternehmer von der Betriebstüchtigkeit und Zukunft seines Dampfwagens zu überzeugen. Vom Jahre 1829 datiert daher der Siegeszug der Dampfeisenbahn, die im folgenden Jahr bereits in Amerika auftauchte, 1828 in Frankreich erschienen war und 1835 in Deutschland auf der Eisenbahn Nürnberg — Fürth ihren Einzug hielt. Erst das Jahr 1829 mag also den Beginn des Eisenbahn-Zeitalters in der Welt bezeichnen. In Deutschland mußten noch einige Jahre vergehen, bis sich auch dort der Schienenstrang durchzusetzen begann.

Wie sah es in Kontinental-Europa aus, nachdem die Leiden der Napoleonischen Kriege überwunden waren, nachdem die Landesherren in fast allen deutschen Staaten Verwaltung und Wirtschaft neu ordneten und damit in gewisser Weise — unbewußt — die Voraussetzungen für das beginnende Neue schufen? Zitieren wir wieder Treue: „Seit den vierziger Jahren, spätestens seit der Mitte des 19. Jahrhunderts, befand sich die technische Revolution in Deutschland, Frankreich, Belgien und der Schweiz auf dem gleichen Wege wie in England, wenngleich sie noch erheblich hinter dieser zurückstand, wie zum Beispiel 1851 die deutschen

Aussteller in London sehr deutlich empfanden und unter anderem in der Langsamkeit des Übergangs zum Kokshochofen in Deutschland zum Ausdruck kam." Und Haller schreibt zu dieser Situation: „Seit den dreißiger Jahren spürt man denn auch eine rasche Erholung von den Folgen der großen Kriegszeit. Die alte Bettelarmut wurde überwunden, der Unternehmungsgeist erwachte, die Kräfte regten sich dank den weiten Möglichkeiten, die durch das neue Element der Dampfkraft eröffnet wurden. Der Zollverein, der die meisten deutschen Staaten zu einem einzigen Handelsgebiet mit einheitlicher Handelspolitik zusammenschloß (Preußen hatte schon 1818 seine Zollschranken aufgehoben) und in dessen Folge am 1. Januar 1834 die meisten Schlagbäume fielen, schuf die Bedingungen, unter denen die neuen Mittel für Verkehr und Handel genutzt werden konnten. Die Alleinherrschaft des englischen Kapitals wich mehr und mehr der Wirtschaft auf eigene Rechnung, das Joch des Auslandes wurde von der deutschen Volkswirtschaft genommen."

Dennoch lassen sich die Auswirkungen des damaligen Geschehens nicht voll übersehen, wollte man ein Weiteres außer acht lassen.

Was sich heute in den Entwicklungsländern der dritten Welt abspielt, das erlebte das alte Europa in jener Zeit, eine Bevölkerungsexplosion unvorstellbaren Ausmaßes. Bis etwa um 1700 herum war die Bevölkerung Europas ziemlich konstant geblieben. Bis dahin stand das Problem der Ernährung im Vordergrund, da jahrhundertelang in Landwirtschaft, Handwerk und Handel praktisch keine Produktivitätsfortschritte erzielt wurden und weil hohe Sterblichkeit, Hungersnöte, Seuchen und Kriege die Bevölkerung immer wieder dezimierten. Das 18. Jahrhundert brachte den grundlegenden Wandel. Die rapide ansteigenden wissenschaftlichen Erkenntnisse, insbesondere auf dem Gebiet der Medizin, aber auch der Ernährungswissenschaft, führten zu einem starken Geburtenanstieg verbunden mit einem Rückgang der Sterblichkeit. Die Bevölkerung Europas verdoppelte sich im 18. Jahrhundert, um sich im 19. Jahrhundert fast zu vervierfachen.

Diese Bevölkerungsexplosion warf Probleme auf, wie wir sie heute aus den Entwicklungsländern kennen. Das Angebot an Arbeitskräften lag ständig höher, als die im Entstehen befindliche Industrie Arbeitsplätze bieten konnte. Als Folge davon ergab sich ein mörderischer Existenzkampf, der sich besonders in den durch zuströmende Landbevölkerung immer volkreicher werdenden Städten abspielte.

Die von Karl Marx zur Doktrin seiner Lehre erhobene These von der Ausbeutung des Arbeiters durch den Unternehmer war ja keine Folge des Systems, sondern rührte vielmehr aus dem Überangebot an Arbeitskräften her, das eine der wesentlichen Ursachen für das vielfach zitierte Elend der Massen in der zweiten Hälfte des vorigen Jahrhunderts darstellt. Die Arbeitgeber konnten es sich leisten, wählerisch zu sein und das Lohnniveau zu drücken. Das trifft auch auf unsere Eisenbahnen zu. All die bekannten Mißstände des beginnenden Industriezeitalters rühren letztlich aus dem schier unerschöpflichen Arbeitsmarkt her.

11

So war die Lage, als das Eisenbahn-Jahrhundert auch in Deutschland seinen Einzug hielt. Allenthalben regten sich weitblickende Männer und forderten mit Nachdruck die Abschaffung der veralteten Produktionsmethoden. Durch den Bau von Eisenbahnen versprach man sich zunächst mehr gefühlsmäßig eine Belebung von Handel und Wandel, ohne die Auswirkungen solcher Bestrebungen im einzelnen überschauen zu können.

Interessant ist, wie ein Zeitgenosse die Dinge sah. Im Mai 1837 unternahm Gottfried Baeseler, der Großvater des bekannten Erfinders und Eisenbahningenieurs, eine Reise nach England. Seine Tagebuchauszüge mögen in mancherlei Hinsicht ein Bild davon geben, was dem Kontinentaleuropäer in England auffiel.

Darlington, den 11. Mai 1837

Von York bis hierher sind wir gut gefahren, in etwa 5 Stunden 44 Meilen. Die Chaussee war wie gestern sehr eben und fest. Bei dieser Gelegenheit muß ich erinnern, daß ich nie eine schlechtere Kunststraße in der Anlage und nie eine bessere in der Unterhaltung gesehen habe, als bisher die hiesigen. Die alten Landstraßen sind chaussiert, sonst ist von allen Regeln, welche bei einer Kunststraße beachtet werden sollen, gar nicht die Rede. Die Straße ist selten gerade, hat die abscheulichsten Krümmungen und stärksten Steigungen bis zu 2 Fuß pro Ruthe*), welche beide mit leichter Mühe gar oft vermieden oder ermäßigt werden könnten. Gräben sind sehr selten vorhanden und liegen wenigstens außer dem Bereich des Entwässerungsprinzips. Die Städte sind ebenfalls chaussiert und hier sowohl als auf der eigentlichen Chaussee ist oft gar kein Wasserablauf vorhanden.

Diesen Nachmittag bin ich dann zum ersten Mal in meinem Leben auf einer Eisenbahn gefahren, von hier bis Stockton, das sind 12½ Meilen, in 1 Stunde. Da wir es nicht treffen konnten, mit der Kutsche zu fahren, so mußten wir uns mit einem offenen Wagen, welcher hinter 32 mit Kohlen beladene Wagen gehängt war, und also auch mit einer langsamen Fahrt begnügen. Es ist dies wohl die erste Eisenbahn, welche in England im Großen angelegt ist und läßt sich erwarten, daß an späteren viele Verbesserungen angebracht sein werden.

Manchester, den 17. Mai 1837

Heute haben wir von Leeds hierher ein unangenehmes Reisewetter gehabt, im Tale bei dem starken Wind viel Staub von der mehr aus Staub und Schmutz als aus Kalksteinen bestehenden Chaussee. Manchester ist eine Stadt von etwa 200 000 Einwohnern, außerordentlich lebhaft und mit unzähligen großen Kaufmannsläden versehen. Das Äußere der Stadt gewährt einen für einen Deutschen ungewohnten Anblick, indem eine Unzahl rauchender hoher Schornsteine sich über die Häuser erhebt und auf das Auge des Beschauers den Haupteindruck machen. Die Stadt hat schöne, breite und gerade Straßen.

---

*) 1 preußische Ruthe = 12 Fuß = 3,77 m

Gegen Abend ging ich noch vor die Stadt, um den Anfangspunkt der Eisenbahn zu besehen. Der erste Teil derselben war hier, wie es schien, in einem Stadtgraben fortgeführt, und es war leider nicht erlaubt, näher heranzugehen. Weit näher an der Stadt und bis fast in den Mittelpunkt derselben war eine andere Eisenbahnanlage im Entstehen, welche, wie man sagte, ebenfalls nach Liverpool verlängert werden soll. Der Anfang dieser neuen Bahn war großartig, indem sie auf einer sehr langen und hohen Bogenstellung sich befand, deren Anfang und Ende ich nicht absehen konnte. An einer anderen Stelle bei der Stadt fand ich diese Bahn in einem Einschnitte oder auch Stadtgraben liegen auf fortlaufenden Sandsteinblöcken. Mehr habe ich davon nicht gesehen.

Liverpool, den 18. Mai 1837

Heute sind wir denn auf der so viel gerühmten und beschriebenen Eisenbahn von Manchester nach Liverpool gefahren, 30⁸/₄ Meilen in ⁵/₄ Stunden. Ich muß gestehen, daß, wenngleich auf dem größten Teil dieser Strecke keine besonderen Schwierigkeiten und Hindernisse für die Anlage mir aufgefallen sind, ich doch am Ende der Bahn allen Respekt für die Großartigkeit der Anlage erlangte. Das Terrain ist fast überall so eben, daß die Bahn ohne auch nur einigermaßen bedeutende Auf- und Abträge und meistens in geraden Richtungen hat fortgesetzt werden können. Allein unweit der Stadt Liverpool erhebt sich solches und wird zu einer nicht unbedeutenden Anhöhe, auf und an welcher auch der größere Teil der Stadt liegt. Die Bahn hat müssen vor der Stadt auf etwa 2 Meilen durch Felsen bis auf 20 bis 30 Fuß Tiefe gehauen und dann mittels eines Tunnels von ¹/₄ Meile Länge unter der Stadt weg bis ungefähr zum Mittelpunkt, sehr wahrscheinlich auch durch Felsen, geführt werden. Diese Anlage, die hohen glatten Felswände, der lange, zwei Bahnen breite Tunnel und der große bedeckte, von oben erleuchtete Raum am Ende der Bahn erregen Staunen und Bewunderung ob der menschlichen Einsichten und Unternehmungen. Auch auf dem ebenen Terrain, wo ich nur Heidegrund wahrgenommen habe, sollen bedeutende Schwierigkeiten wegen Moorgrundes vorgekommen sein, zu dessen Auffüllen große Summen erforderlich gewesen sind.

Was die Construktion der Schienenbahn betrifft, welche überall doppelt liegt, so weicht sie von der bisherigen wenig ab. Die Spurbreite ist ebenfalls 4 Fuß 9¹/₂ Zoll von Mitte zu Mitte; die Planumsbreite auch 22 Fuß. Die Schienen lagen fast schon überall auf Steinsockeln in 3 fußiger Entfernung. Die Sockel wurden an vielen Stellen in die Höhe gestopft, eine Arbeit leider, welche wohl nie aufhören wird, besonders wo die Planumsarbeiten nur mittelmäßig ausgeführt sind. Ein festes Planum, das Nichtnachgeben der Sockel und also der Schienenanlage ist das Wichtigste, worauf es bei Anlage einer Eisenbahn ankommt, und kann darauf nie genug Sorgfalt verwendet werden, und doch dürfte dieser Hauptzweck so schwer zu erreichen sein. Auf Bahnanlagen, wo die Sockel erst ganz kürzlich unterstopft waren, fuhr man sehr leicht ohne große Stöße und Rüttlungen; nicht so sehr aber auf dem allergrößten Teile der Bahn, welche seit einiger

Zeit vielleicht nicht unterstopft war. Hier war das Rütteln und Stoßen selbst in den Kutschwagen ärger als auf einer ebenen Chaussee im Kutsch- oder Chaisewagen. Diese rüttelnde Bewegung, abgesehen von dem Geräusch und Geklapper, welches das Ausströmen des Dampfes aus dem Kessel und Schornsteinrohr, sowie die eisernen Räder auf den eisernen Schienen — würde man wohl noch ertragen können, sofern man einmal rasch, noch einmal so rasch als auf gewöhnlichen Chausseen — bei gleichen Kosten — reisen will; allein der größte Nachteil daran erwächst der Anlage selbst, indem die Maschinerie, die Wagen, Schienen pp. dadurch zu sehr angegriffen werden. Da, wo die Schienen noch auf Holzunterlagen ruhten, habe ich gefunden, ist das Rütteln nicht so stark, auch das Fahren wegen der Elastizität des Holzes weit sanfter und angenehmer. Fast überall lagen noch Schienen nach alter Art, allein wo die nach neuer Art nicht schon befestigt waren, lagen sie doch zur Seite und man war mit Aufbringung derselben beschäftigt. Die Schienenstücke, wo sich zwei Bahnen durchkreuzen, waren ganz einfach. Die Schlippe, vermittelst welcher der Wagen von einer Richtung auf eine andere geführt wird, also wo sich eine Bahn abzweigt, wurde durch Drehung einer stehenden Welle hin- und herbewegt.

Die Bahnanlagen des Tunnels hatten etwa $4°$ Gefälle per Ruthe. Nach unten ging der Wagenzug von selbst und konnten die Räder bei zunehmender Geschwindigkeit gebremst werden. Nach oben wurde der Wagenzug vermittelst zweier stationärer Dampfmaschinen, jede von 40 Pferdekraft, gezogen. Bei eintretender Beschädigung dieser Maschinen standen auf der anderen Seite der Bahn noch zwei dergl. Maschinen in Reserve. Die Verrichtung des Taues, wie solches um ein großes Rad geschlungen und durch ein unterhalb des großen Tunnels befindlichen schmalen Tunnel mittelst eines kleinen Dampfwagens nach unten gezogen wird, habe ich nicht sehen und auch nicht durch meinen Dolmetscher erfahren können. Sämtliche Wagen sind mit Druckfedern versehen, was auch bei den vorigen Eisenbahnen der Fall ist. —

Soweit Baeseler, der sich in seinen Aufzeichnungen neben der preußischen Ruthe englischer Längenmaße bedient (1 engl. Meile = 1609 m, 1 engl. Fuß = 305 mm, 1 Zoll = 25,4 mm). Alte deutsche Längenmaße sind auf Seite 94 verzeichnet.

Der beobachtende Ingenieur mochte nicht ohne Neid auf die Verhältnisse in England blicken, gegenüber denen das eigene Vaterland geradezu rückständig erscheinen mußte. Dennoch war man nicht müßig gewesen. Prüfen wir, wie auch in Deutschland der Eisenbahngedanke allmählich an Boden gewann.

Da ergibt sich gleich anfangs eine interessante Feststellung. Ein Bedürfnis zum Bau von Eisenbahnen war um das Jahr 1830 in Deutschland, ja ganz Europa, noch nicht vorhanden. Die zahlreichen Wasserstraßen reichten für billigen Transport von Massengütern aus, die Landstraßen befanden sich seit den Kriegen in gutem Zustand, und besonders in Preußen war König Friedrich Wilhelm III. mit Fug und Recht stolz auf seinen Straßenbau. Es gab ein florierendes Fuhrgewerbe, das den bescheidenen Transportansprüchen vollauf genügte. Die Bevölkerung stand also dem Eisenbahngedanken zunächst passiv gegenüber. Die Nachrichten aus England von den dort aufgekommenen Dampfwagen genossen in ihrer Wertung den gleichen Rang, wie wenn heute vom Mondflug die Rede ist. So sind es in jener Zeit auch nur wenige tatkräftige Männer gewesen, die die Bedeutung des neuen Verkehrsmittels erkannten und propagierten. Mancher nicht ohne Eigennutz?

In wenigen Fällen doch wohl aus politischer Weitsicht heraus, die zu allen Zeiten meist erst im Nachhinein entdeckt worden ist. Eine Industrie, die unbedingt nach einem leistungsfähigen Transportmittel verlangt hätte, steckte noch in den Kinderschuhen. Der Handel war auf bedeutende Umschlagplätze konzentriert. Die Dinge sind vielmehr in umgekehrter Sicht richtig. Erst nach dem Bau von Eisenbahnen erkannte man die sich daraus ergebenden Möglichkeiten. Die ersten Eisenbahnen stellen sozusagen das klassische Beispiel des heutigen Marketing dar. Wie sehr man im dunkeln tappte, möge die Tatsache erhellen, daß beispielsweise auf der Eisenbahn Nürnberg — Fürth gar kein Güterverkehr vorgesehen war. Lediglich dem angesehenen Lederer-Bräu zu Gefallen nahm man zwei Fäßchen Bier mit nach Fürth. So ist vieles, was in unzähligen Publikationen über das Entstehen der ersten Bahnen gesagt worden ist, erst nachträglich den damaligen Pionieren in den Sinn gelegt.

Der Schienenweg war zu Beginn des 19. Jahrhunderts auch in Deutschland längst nicht unbekannt. In den Bergwerken gab es seit Jahrhunderten hölzerne Schienen mit darauf laufenden Wagen, den sogenannten Hunden. Das Pferd stellte das gebräuchliche Traktionsmittel dar. Seine Bedeutung wuchs, als es gelang, gußeiserne Schienen herzustellen, zunächst in kurzen Stücken, die häufig zerbrachen, aber dennoch einen erheblichen Fortschritt gegenüber den hohen Verschleiß ergebenden hölzernen darstellten.

Die Versuche mit Dampfwagen in England blieben nicht verborgen. Die preußische Bergbauverwaltung sandte den Inspektor der Berliner Eisengießerei Johann Friedrich Krigar nach England, um sich die Dinge anzusehen. Er führte seinen Auftrag gründlich aus, 1815/16 entstand mit Hilfe des Oberhütteninspektors Schmahel eine richtiggehende Lokomotive, unglücklicherweise nach dem Vorbild der Zahnradlokomotive von Blenkinsop. Sie sollte auf der Königshütte in Oberschlesien Dienst tun, aber nach ihrer Ankunft stellte man fest, daß die Spurweite der Räder nicht zu der der Schienen paßte. Seitdem ist die Maschine verschollen. 1817 baute die Eisengießerei eine zweite, kräftigere Maschine, die in die Grube Bauernwald bei Geislautern im Saargebiet geliefert wurde. Auch dort ist nichts Rühmliches von ihr bekannt geworden. Sie soll viel Reparaturen erfordert haben und 1836 als altes Eisen verkauft worden sein.

1826 führte der bayerische Oberstbergrat Joseph Ritter v. Baader dem bayerischen Hof einen kombinierten Straßen-Schienenwagen vor. Er setzte sich sehr für den Bau einer Eisenbahn ein und verfaßte 1826 eine Art Werbeschrift „Über die Vortheile einer verbesserten Bauart von Eisenbahnen und Wagen".

Pferde spielten auch bei der Eisenbahn von Linz nach Budweis eine Rolle, die der österreichische „Gubernialrat" Dr. phil. Franz Joseph Ritter von Gerstner im Jahre 1828 anlegen ließ. Doch infolge des geringen Bedürfnisses nach solchen Bahnen haperte es mit der Rentabilität. Wir erwähnten, daß damals der Staat viel Geld in den Straßenbau investierte. Der Siegeszug der Eisenbahn begann eben erst im Anschluß an die Rainhill-Wettfahrt mit der Eröffnung der Bahnstrecke von Manchester nach Liverpool 1830, für die Stephenson aus seiner eigenen Fabrik 6 Lokomotiven geliefert hatte.

Auch in Deutschland tauchten im Anschluß an dieses spektakuläre Ereignis, an welchem die ganze Welt Anteil nahm, Pläne zur Anlage von Dampfeisenbahnen auf, ohne daß man indes schon die ganze Tragweite der sich anbahnenden Entwicklung erkannt hätte. In Westfalen erhob sich der Unternehmer Friedrich Harkort zum leidenschaftlichen Verfechter des Eisenbahngedankens, während in Nürnberg der Bürgermeister Johannes Scharrer mit Ausdauer für eine Bahn nach Fürth focht. Die interessanteste Persönlichkeit mag jedoch der Volkswirt Friedrich List gewesen sein, der zunächst in Amerika, dann in Deutschland mit konkreten Vorschlägen hervortrat.

Die Person Lists ist umstritten. Die Urteile schwanken zwischen Revoluzzer und „Prophet des deutschen Industriestaates". 1819 war der junge Tübinger Professor mit einer Eingabe an den deutschen Bundestag in Frankfurt hervorgetreten, in der er freien Handel und Wandel in ganz Deutschland forderte. „Achtunddreißig Zoll- und Mautlinien in Deutschland lähmen den Verkehr im Innern", so führte er aus. Doch sein Wirken war verfrüht. Angriffe auf die Unzulänglichkeit der württembergischen Verwaltung führten zu einer zehnmonatigen Festungsstrafe, der er sich durch die Flucht nach den USA entzog. Hier wurde aus ihm der bedingungslose Kämpfer für den Freihandel, als der er in die Geschichte eingegangen ist. Mit seinen Forderungen nach einem gesamtdeutschen Eisenbahnnetz — die er nach Rückkehr in die Heimat proklamierte — schritt er der Zeit weit voraus. Gewiß mag sein vielgerühmter Entwurf eines deutschen Eisenbahnnetzes, der an sich nur selbstverständliche Städteverbindungen aufzeigte, später in seiner Bedeutung überschätzt worden sein. Seine Leistung insbesondere für die Gründung der Leipzig-Dresdener Eisenbahn bleibt unbestritten. Daneben ist er unermüdlich publizistisch gegen die Vorurteile der Zeit angegangen, schließlich aber am Unverständnis der Mitwelt zerbrochen. Er endete durch Selbstmord. Ein Zeitgenosse schildert ihn uns „als den leidenschaftlichsten Menschen. Wer ihn jemals gesehen, vergaß ihn gewiß nicht wieder. Seine Augen funkelten umher, immer spielten Gewitter um seine breite Stirn, und sein Mund flammte beständig wie der Krater eines Vulkans."

Wie sehr aber auch von anderer Seite aus der Eisenbahngedanke propagiert wurde, lesen wir in einem Aufruf an die deutschen Bürger im „Allgemeinen Anzeiger der Deutschen", Januar 1833:

Man fängt an, mit Beschämung zu lesen, wie England und Amerika sich mit ganzen Netzen von Eisenbahnen überspinnen, wie Frankreich dem großen Anstoße folgt und selbst Österreich nicht zurückbleibt. Es erregt sogar bei uns, die wir doch nicht übermäßig vorwärts eilen, Verwunderung, daß dieser Gegenstand noch in keiner Städteversammlung zur Sprache gekommen ist . . . Man spreche in Süd- und Mitteldeutschland nicht mehr von politischer Aufklärung, von der Notwendigkeit, dem Nahrungsstande aufzuhelfen, von den Vorteilen eines freien Verkehrs, so lange man noch nicht einmal dahin gekommen ist, sich über eine allgemeine deutsche Eisenbahn zu beraten . . .

Die erste deutsche Eisenbahn sollte zwischen Nürnberg und Fürth entstehen. Beide Orte wiesen damals bereits lebhaften Verkehr auf. Man veranstaltete sogar Zählungen, die ergaben, daß im täglichen Durchschnitt auf der Nürnberg-Fürther Straße 1184 Personen zu Fuß, 494 Personen zu Wagen in 185 Chaisen und 236 mit 108 bespannten Fuhrwagen passierten. Initiator der Bahn war der erwähnte Nürnberger Bürgermeister Johannes Scharrer.
Am 14. Mai 1833 erfolgte die Einladung zur Zeichnung von Anteilen eines Aktienkapitals von 132 000 Gulden. Im Dezember waren 137 000 Gulden gezeichnet, aber doch vorwiegend von Nürnbergern. Die beteiligten Fürther standen der Sache mißtrauisch gegenüber. Skeptisch verhielt sich auch der bayerische Staat. Der Minister Montgelas klagte noch im Januar 1836, als die Bahn bereits eröffnet war, „über die Verschwendung des großen Kapitals von 180 000 Gulden, die für dieses Unternehmen, das sich nie rentieren könne, zu Verlust gegangen seien." Der König selbst schwärmte für den Kanalbau, versagte dem Unternehmen dann aber doch nicht die Führung seines Namens „Ludwigseisenbahn". Am 7. Dezember 1835 wurde die Bahn eingeweiht unter reger Anteilnahme der Bevölkerung.
Die großen Hoffnungen, die man in die Bahn gesetzt hatte, erfüllten sich, desgleichen auch die Erwartungen der Aktionäre, deren Aktien um 300 bis 400 Prozent der Einzahlung stiegen. Dieser unerwartet große Erfolg hat sich übrigens verheerend auf den Bahnbau ausgewirkt, führte er doch zu der Annahme, daß eine Bahngründung aus sich heraus schon lukrativ sei. Erst später stellte sich heraus, daß ausgerechnet Nürnberg-Fürth die große Ausnahme in finanzieller Hinsicht bilden sollte. Bis Ende 1836 hatte man bereits 475 219 Personen befördert. Aber erst um die Mitte der vierziger Jahre setzte der Güterverkehr ein. Die erste deutsche Eisenbahn war von Anfang an eine reine Personenbahn. Der Betrieb wurde mit zwei Lokomotiven von Stephenson und 15 Pferden durchgeführt.
Interessant ist, daß man wohl die Lokomotive aus England bezog, die Bahnstrecke aber von einem deutschen Ingenieur, Paul Camille v. Denis, bauen ließ, der nachmals noch mehr als 1000 km Eisenbahn in Deutschland errichtete, so die Strecken München — Augsburg, Frankfurt — Höchst, Mainz — Worms und einige Bahnen in der Pfalz. Seine bedeutendste Leistung stellte der Bau der bayerischen Ostbahn von 464 km Länge dar, mit der Denis erfolgreich ins Hügelland vorstieß. Leicht hat man ihm die Arbeit nicht gemacht. Um so verdienstvoller seine Leistung als erster deutscher Eisenbahnbauingenieur.

Die Nürnberg-Fürther Eisenbahn blieb ein Torso. Von der Lage her bot sie keine Entwicklungsmöglichkeit (wie später auch nicht die Frankfurt-Offenbacher Lokalbahn). Sie ging in der Nürnberg-Fürther Straßenbahn auf, die noch heute auf der Trasse der ersten deutschen Eisenbahn verkehrt. Dennoch ist sie der große Wegbereiter geblieben, und es mag diskutabel sein, ob wir das Eisenbahn-Jahrhundert in Deutschland nun 1835 in Nürnberg oder 1836 in Leipzig beginnen lassen. Denn erst die zweite deutsche Eisenbahn, die Strecke Leipzig — Dresden, sollte Teil des deutschen Eisenbahnnetzes werden.

Leipzig gehörte um die dreißiger Jahre des vorigen Jahrhunderts zu den bedeutendsten Handelsplätzen nicht nur Deutschlands, vielmehr Europas. Im Rahmen der Verhandlungen über ein einheitliches Zollsystem sah diese Stadt eine besondere Chance auf sich zukommen, nicht zuletzt unterstützt durch Friedrich List, der gerade im günstigsten Augenblick nach Leipzig kam. Hier entstand seine Schrift „Über ein sächsisches Eisenbahnsystem als Grundlage eines allgemeinen deutschen Eisenbahnsystems". List konnte sich auf seine Erfahrungen in Amerika stützen, gerade deshalb galt sein Wort etwas.

1834 wurde ein Komitee gewählt, das den Bau der Bahn vorbereiten sollte. Die Werbung richtete sich vor allem auf das zu zeichnende Aktienkapital, das auf 1½ Millionen Taler in Aktien und 500 000 Taler in unverzinslichen Kassenscheinen veranschlagt worden war. Während es ein Jahr zuvor in Nürnberg sieben Monate gedauert hatte, bis das Geld untergebracht war, wurden die Aktien der Leipzig-Dresdener Eisenbahn gleich am ersten Tag, dem 14. 5. 1835, voll untergebracht. Bei der ganzen Geschichte ist aufschlußreich, welch grimmige Gefechte sich Befürworter und Gegner des Projekts lieferten, wie List seinen Widersachern die Antwort nicht schuldig blieb und das Leipziger Tageblatt zum Forum der Diskussion wurde. Manche Parallele zur Gegenwart ist hier zu finden. Im Jahre 1836 begann der Bahnbau unter für die damalige ·Technik beträchtlichen Schwierigkeiten, hatte man doch nichts ausgelassen, was die Arbeiten komplizieren konnte: Der große Einschnitt bei Machern, der Erdbewegungen erforderte, wie sie bis dahin unbekannt waren, die Errichtung der Elbbrücke bei Riesa und zu allem Übel noch der Bau des Tunnels bei Oberau durch Freiberger Bergleute. Schließlich konnte am 24. April 1837 die erste Probefahrt von Leipzig nach Althen (westlich Borsdorf) stattfinden. Ein Zeitgenosse berichtet:

Der Eingang der Bekanntmachung des Direktoriums vom 19. April: „nächsten Montag sollen die Probefahrten von hier nach der in der Nähe des Dorfes Althen errichteten Restauration beginnen" wirkte wie ein elektrisches Feuer. Das Hauptgespräch in diesen Tagen drehte sich natürlich um die Dampfwagenfahrt. Früher schon arbeitete die Lokomotive, der Komet, auf einer Hilfsbahn bei Machern, um die aus den dortigen Einschnitten bewegten Erdmassen auf die Dämme zu schaffen. Wer hier bei der ersten Probefahrt gesehen hatte, wie diese Maschine mit zwanzig erdbeladenen Wagen, wovon jeder 75 Zentner wog, die 5 000 Ellen (fast 3 km) lange Hilfsbahn in 4½ Minuten überstürmte, der hatte allerdings genug zu erzählen und mußte die Erwartungen der staunenden Zuhörer aufs Höchste spannen.

Der 24. April erschien. Das war ein Leben, ein Wogen in der durch die Messe doppelt volksreichen Stadt. Längs der Bahnstrecke hatte sich eine ungeheure Menschenmasse aus der Nähe und Ferne versammelt. Hier sah man an den blau und schwarzen Schlagbäumen und Wachthäuschen das Bahnpersonal seiner neuen Funktion harren; auch waren zur Erhaltung der Ordnung und Verhinderung möglicher Gefahren Militärpiketts und Wachen aufgestellt. Die erste Fahrt früh neun Uhr hatte das Direktorium für sich, für die Behörden und besonders dazu eingeladenen Personen bestimmt. Auf dem mit wehendem Wimpel geschmückten Bahnhofe spie die Lokomotive, der „Blitz", bestimmt die sechs Personenwagen zu fahren, Dampf und Rauch aus seinen Röhren, wie ein ungeduldiges Roß aus seinen Nüstern. Ein Musikchor der hier garnisonierenden Schützen hatte den offenen Wagen eingenommen und ließ ³/₄9 Uhr fröhliche Musik erschallen. Schlag 9 Uhr setzte sich der mit Fahnen und Kränzen geschmückte „Blitz" in Bewegung. Donnernde Böller und tausendstimmiger Jubelruf begleiteten die anfangs langsam, nun immer schneller dahinrollenden Wagen. Man überflog querüber den Schönfelder Weg, dann die nach Taucha, hierauf die nach Dresden führende Chaussee, bemerkte im Fluge links Paunsdorf, entfernter rechts Engelsdorf, wiederum links Sommerfeld — und war zwei Stunden von Leipzig an der etwa 5 Minuten seitwärts vom Dorfe Althen erbauten ebenfalls festlich geschmückten Restauration angelangt. Dieser Weg war auf der bis zu diesem Punkte sanft steigenden Bahn, ohne daß man die volle Dampfkraft angewendet hätte, in 20 Minuten zurückgelegt worden. Die Rückfahrten erforderten 4 bis 5 Minuten weniger Zeit. Die Ankommenden wurden von den Tönen des hier befindlichen vereinigten Musikkorps begrüßt. Freudig überraschte ein Lebehoch, was der Richter aus Althen und ein Bauer aus Groß-Pösna im Namen ihrer Gemeinden der Leipzig-Dresdener Eisenbahn ausbrachten.

Die ganze Strecke wurde am 10. April 1839 eröffnet. Auch hier wieder eine interessante Parallele zur Gegenwart: Die veranschlagten Baukosten in Höhe von 2 Millionen Talern reichten bei weitem nicht aus, sie stiegen vielmehr auf die dreifache Höhe, das Aktienkapital mußte auf 6 Millionen erhöht werden. Immerhin lagen kaum Erfahrungswerte vor, englische Angaben trafen meist nicht zu, die Verhältnisse wichen von Bahn zu Bahn voneinander ab. Und doch war die Begeisterung so groß, daß auch die restlichen 4 Millionen Taler ohne Schwierigkeiten gezeichnet wurden, nachdem sich die Leipziger täglich vom Fortgang der Arbeiten überzeugen konnten.

Auf eine interessante Tatsache hat allerdings Nordmann bereits hingewiesen. Bei allen alten Bahnen fehlten fast vollständig Rentabilitätsberechnungen. Berücksichtigt man, daß solche zweifellos schwierig gewesen wären, so ist doch das Vertrauen, das in diese Unternehmungen gesetzt wurde, überraschend, zumal es ein Vertrauen in die Rechtschaffenheit der maßgebenden Direktoren bedeutete.

Der Eisenbahngedanke, einmal ins Rollen gekommen, war nicht mehr aufzuhalten. Die kontinentale Eisenbahntechnik blieb zwar ganz auf das englische Vorbild angewiesen, die Lokomotiven mußten noch jahrelang von dort bezogen werden. Aber sie funktionierten tadellos. Besonders Stephenson war 1834 mit seiner Patentee-Lokomotivbauart ein großer Wurf gelungen. Nicht zuletzt die Zuverlässigkeit und Betriebstüchtigkeit der ersten englischen Maschinen hat dazu beigetragen, das Vertrauen in das neue Verkehrsmittel zu festigen. Bald gelang es auch, Schienen aus Walzeisen herzustellen, die an Stelle der kurzen gußeisernen Schienen traten.

1831 hatten die Westfalen eine Eisenbahn von Lippstadt nach Minden bauen wollen. 1833 war es eine vom Ruhrgebiet nach Belgien, die zur Diskussion stand. Aber erst 1837 wurde die Genehmigung zum Bahnbau Köln — Aachen erteilt.

Am 22. September 1838 dampfte der erste Zug von Zehlendorf nach Potsdam auf der Berlin-Potsdamer Eisenbahn. Am 1. Dezember des gleichen Jahres eröffnete die erste deutsche Staatsbahn ihren Betrieb von Braunschweig nach Wolfenbüttel. Zwanzig Tage später konnte man von Düsseldorf bis Erkrath mit dem Dampfwagen fahren. Am 29. Juni 1839 ging das erste Teilstück der Magdeburg-Halle-Leipziger Bahn in Betrieb, im gleichen Jahr folgten noch Köln — Müngersdorf, Frankfurt — Höchst und München — Lochhausen. Ein Jahr später konnte man auch schon von Mannheim nach Heidelberg fahren. Es war ein Anfang, der sich sehen lassen konnte. Berücksichtigen wir auch das folgende Jahrzehnt und schauen wir uns die Karte auf Seite 96 an, so wird auch der mit der Materie weniger vertraute Leser erkennen, in welchem Tempo der Eisenbahnbau in unserem Lande voranschritt.

Was in diesem ersten Jahrzehnt geschaffen worden ist, erstaunt um so mehr, wenn man bedenkt, welche Schwierigkeiten dem Bahnbau entgegenstanden. Da gab es nicht nur Kompetenzstreitigkeiten mit den einzelnen Landesfürsten, die durch den Abschluß von Staatsverträgen überwunden werden mußten. Da gab es auch Überschneidungen mit bestehenden Postregalen, besonders der Familie Thurn und Taxis. Weiterhin bedurfte die Frage der Enteignung des für die Bahnlinie erforlichen Grund und Bodens einer landesgesetzlichen Regelung. Das preußische Eisenbahngesetz vom 3. 11. 1838 ließ mit großem Weitblick alle Möglichkeiten für eine künftige Entwicklung offen. An oberster Stelle stand jedoch der Mangel an Kapital. Der Bahnbau erforderte Geldbeträge in einer Höhe, wie sie vorher unaufbringlich schien. Weiterhin mußten Hunderte, oft Tausende von Arbeitern untergebracht und versorgt werden, die — wo sie auftauchten — mit ihren rauhen Bräuchen Unfrieden bei der Ortsbevölkerung erzeugten. Als bei den späteren Bauvorhaben auch Polen und Italiener in Erscheinung traten, da gab es manche Messerstecherei und so mancher Grabstein auf dem Dorffriedhof berichtete von jener Bauepisode.

In groben Umrissen begann sich allmählich unser heutiges Streckennetz abzuzeichnen. Man konnte im Jahre 1850 bereits von Hamburg über Berlin bis Oberschlesien per Bahn reisen. Die Verbindung Berlin — Ruhrgebiet war hergestellt, und an der Linie Berlin — Schweiz fehlte nur noch ein kurzes Stück bei Gießen. Eine Reise von Dresden nach Hamburg stellte kein Problem dar und es schien nur eine Frage der Zeit, wann Berlin mit München auf dem Schienenwege verbunden sein würde.

In den drei Jahrzehnten zwischen 1840 und 1870 vollzieht sich in Deutschland der große Wandel vom Agrarstaat zur Industrienation. Wo eine Bahnlinie gebaut wurde, siedelten sich Fabriken an. Wo der Dampfzug auftauchte, da wehte ein frischer Wind in die Enge der Städte und Dörfer und der Lokomotivpfiff war das Fanal der neuen Zeit, Fanal, die alte „Bettelarmut" zu überwinden und der seit Jahrhunderten darbenden Menschheit den Weg in eine neue, bessere Zukunft zu weisen.

Zwangsläufig taucht die Frage auf, wie sich diejenigen, für die das neue Verkehrsmittel gedacht war, die Masse der Bevölkerung also, mit ihm abfanden. Wollte man so manchem Schriftsteller glauben, selbst in Arbeiten aus jüngster Zeit, so dürften die Menschen des Jahres 1840 das Niveau ihrer Vorfahren aus dem Neandertal noch nicht wesentlich überschritten haben. Denn die Geschichten, wonach sich die Bevölkerung mit Knütteln und Mistgabeln gegen die Eisenbahnbauer gewehrt haben soll, sterben ja nie aus. Zweifellos hat es hier und da Proteste engstirniger Bauern gegen irgendeine Linienführung gegeben. Aber sie dienten bereits den damaligen Zeitgenossen als Belustigung und sorgten für zahlreiche Witze, hinderten jedoch in keiner Weise den Bahnbau. Im übrigen fällt es uns heute gar nicht so schwer, uns in die damalige Situation hineinzudenken, wo beispielsweise ein Münchner Professor ein Gutachten erstellte und ausführte, daß die schnelle Fortbewegung auf der Eisenbahn zu Geistesstörungen führen würde. Wir brauchen uns nur umzusehen, was heute an Vorwänden und Gründen herbeigezogen wird, wenn es gilt, gegen den Standort eines neuen Atomkraftwerkes zu protestieren. Wie im Zuge der Umweltverschmutzungshysterie selbst seriöse Politiker über das Ziel hinausschießen und ein normales Kohlekraftwerk bereits als Beitrag zum Untergang der Menschheit ansehen. Wie wenig Phantasie gehört dazu, unsere heutigen in der Mehrzahl törichten Argumente gegen derartige Projekte auf die Situation vor 130 Jahren zu übertragen.

Nein, die Dinge verhalten sich anders. Allerorts war die Begeisterung bei der Eröffnung einer neuen Eisenbahnlinie groß. Man zog mit Kind und Kegel hinaus, den ersten Zug zu betrachten, staunte über den Fortschritt der Menschheit, die Zeitungen brachten lange Berichte. Doch damit war das Interesse an der Eisenbahn erschöpft, die Neugierde gestillt, man ging zur Tagesordnung über.

Das aber ist es, was das Werden der ersten Eisenbahnen so erschwert hat, die tiefe Gleichgültigkeit der Bevölkerung jener Neuerung gegenüber. Was sollte sie damit anfangen? Wer hatte denn Veranlassung zu verreisen? Bedenken wir, wie in weiten Teilen der Bevölkerung noch bittere Armut herrschte, wie kaum Geld vorhanden war, den nach heutigen Begriffen zwar niedrigen, am damaligen Geldeswert gemessen dennoch hohen Fahrpreis zu zahlen. Eine Fahrt von Friedberg nach Frankfurt a. M. kostete beispielsweise in der 3. Klasse 39 Kr. (1,11 DM), in der 4. Klasse 32 Kr. (91 Pf). So waren es nur wenige, die sich eine Fahrt mit dem Dampfwagen leisten konnten, die Städter noch eher als die Landbevölkerung. Für die Einstellung zu dem neuen Verkehrsmittel mag der Ausspruch des preußischen Königs Friedrich Wilhelm III. typisch sein, der in seiner abgehackten Sprechweise bei Konzessionierung der Berlin-Potsdamer Eisenbahn erklärt haben soll: „Sehe keinen Grund, warum Stunde früher in Potsdam."

Wozu also eine Eisenbahn? Selbst auf den Hauptbahnen verkehrten anfangs kaum mehr als drei Personenzüge täglich in jeder Richtung. Von der Cottbus-Großenhainer Eisenbahn ist uns die Zusammensetzung eines Zuges aus dem Jahre 1870 überliefert. Auf die Lokomotive mit Tender folgte ein „Bagagewagen", mit Gepäck und Gütern vollgeladen. Dann ein offener Fahrgastwagen für die Reisenden der 4. Klasse. Hierauf der geschlossene Abteilwagen für die besser Situierten. Zum Schluß ein Viehwagen mit allerlei Hörnergetier beladen. Drei bis vier Personenwagen galten als die Regel auf den Bahnen der sechziger Jahre. Ulbricht schreibt zu diesem Problem:

„Der Übergang des Verkehrs von den Landstraßen auf die Eisenbahnen hat sich nicht so schnell vollzogen, als man ursprünglich erwartet hatte. Die Gewöhnung der Menschen an die alten bekannten Verkehrsweisen und die fortgesetzte Benutzung der für den Landstraßenverkehr geschaffenen Transportmittel, namentlich auf kürzeren Strecken, hat neben der Eisenbahn noch lange angehalten. Der mit der Pünktlichkeit und Regelmäßigkeit des Eisenbahnverkehrs verbundene Zwang, die Hast und Unruhe, sowie die Furcht vor den etwaigen schädlichen Folgen und den Gefahren des Dampfbetriebes, welche die Menschen anfangs erfüllte, hielten viele von der Benutzung des neuen Verkehrsmittels noch zurück. Erst nachdem die Vorteile des sich ungefährdet für die Reisenden vollziehenden Eisenbahnverkehrs durch Ersparung von Zeit und Geld beim Reisen sich in überzeugender Weise dargetan hatten und nachdem auch die Zeit selbst durch die Fortschritte in der Produktion immer wertvoller geworden war, sind die dem Eisenbahnpersonenverkehr entgegenwirkenden Hindernisse der genannten Art mehr und mehr gewichen."

Es war der Güterverkehr, der mit Fortschreiten der Industrialisierung kräftig zunahm, obwohl man bei den meisten Bahnen eher den Personenverkehr als lukrativ im Auge gehabt hatte. Mehr als ein Jahrzehnt mußten vergehen, bis sich die Verhältnisse gewandelt hatten. Dann ging es jedoch mit Riesenschritten aufwärts. Es ist oft die Rede davon gewesen, daß die deutschen Fürsten dem Eisenbahngedanken ablehnend gegenübergestanden hätten. Auch hier halten die Berichte einer genaueren Untersuchung nicht Stand. Nordmann hat bereits auf diesen oft behaupteten Unsinn hingewiesen. Kaum einer der maßgebenden Landesherren, die Duodezfürsten eingeschlossen, stemmten sich gegen die Eisenbahn.

So soll der Anhaltiner gesagt haben: „Eine Eisenbahn will ich haben, und wenn sie tausend Taler kostet!" Der preußische König Friedrich Wilhelm IV. war sogar ausgesprochen eisenbahnfreundlich eingestellt. Und es gab ja nicht nur Kleinstaaten in Deutschland, denken wir vielmehr an die großen Bahnnetze, die alsbald in Preußen, Bayern, Württemberg, Baden aufgrund staatlicher Initiative entstanden. Selbstverständlich machte man gern einen Bogen, wenn es galt, die Grenze zum Nachbarstaat zu umgehen und unliebsame juristische Auseinandersetzungen zu vermeiden. Aber das gab es in anderen Ländern auch. Selbst im Schweizer Musterländle nahm die Eisenbahn auf die Kantonsgrenzen Rücksicht, sogar in den Vereinigten Staaten, einem Lande, wo man doch das Gegenteil erwarten sollte. Sehen wir die Dinge also so, wie sie in Wirklichkeit liegen, räumen wir endlich mit dem Gerede auf, die deutschen Bahnen seien kurzsichtig und engstirnig angelegt worden. Hier hat Heinrich von Treitschkes (1834—1896) auf nationalistischem Überschwang beruhende Geschichtsschreibung, die man sich auch während der Nazizeit zu eigen gemacht hat, viel Unheil angerichtet. Aber Treitschke hat ja nie vorgehabt, objektiv Geschichte zu schreiben, er fühlte sich als Prophet des deutschen Nationalstaates. Das genaue Gegenteil ist der Fall. Die weit überwiegende Zahl unserer Bahnstrecken weist die noch heute vorteilhafteste Trassierung auf. Die Krümmungsradien sind fast durchweg so, daß ein schneller Zugverkehr weit über die damaligen Bedürfnisse hinaus möglich wurde. Wir sind heute kaum noch in der Lage, die Größe einer historischen Leistung gerecht zu würdigen. Denn dann müßte auffallen, daß auf Bahnen, die 1840 oder 1850 gebaut worden sind, heute Geschwindigkeiten von 140, ja 160 km/h gefahren werden können, Geschwindigkeiten, wie sie die alten Bahnbauer nicht einmal träumen, geschweige berücksichtigen konnten. Im Gegensatz zu England genügen in Deutschland auch Tunnel, Brücken und andere Kunstbauten den Anforderungen der Gegenwart, sofern diese nicht überschraubt sind.

Übrigens hat es in jenen Jahren der Kleinstaaterei durchaus nicht an weitschauenden Planungen gefehlt. Bereits unter dem 20. Juni 1840 faßte der sächsische Landtag eine Resolution, worin es heißt:

1. daß die Verbindung des Königreiches Sachsen mit dem Königreiche Bayern auf der einen und mit Schlesien und Böhmen auf der anderen Seite durch, mit der Leipzig-Dresdener Eisenbahn in Verbindung zu setzende und soviel möglich das Innere des Landes durchschneidende Eisenbahnlinien zu bewerkstelligen, zu dem Ende auf den Abschluß von Verträgen mit den benachbarten beteiligten Staaten Bedacht zu nehmen, insbesondere aber und unverzüglich die geeigneten Maßregeln zu ergreifen seien, um zu verhindern, daß das Königreich Sachsen durch eine das nördliche und südliche Deutschland verbindende Eisenbahn umgangen werde;

2. daß das Erzgebirge mit der zu erbauenden Eisenbahn nach Bayern, falls dasselbe nicht etwa ohnehin davon berührt werden sollte, durch eine Zweigeisenbahn in geeignete Verbindung gesetzt werden möge;

3. daß die Ausführung dieser Eisenbahnen zwar Privatgesellschaften zu überlassen, jedoch dabei Seiten des Staates nach Befinden durch Übernahme eines im Voraus zu bestimmenden Anteils am Aktienkapitale unter bedingter Verzichtleistung auf die Zinsen und unter den sonst für angemessen zu erachtenden Modalitäten mitzuwirken sein werde und

4. daß, falls die Ausführung einer der bezeichneten Bahnen durch Privatunternehmer zu schwierig werden und Gefahr im Verzuge obwalten sollte, der Bau einzelner Teile der Bahnstrecke auch ganz auf Staatskosten übernommen werden könne.

Ein fürchterliches Deutsch, aber trotzdem Gedanken, die weit in die Zukunft wiesen und den Grundstock für das sächsische Eisenbahnnetz legten.

Wir erwähnten bereits eines der schwierigsten Probleme aus den Anfängen der Eisenbahnzeit, das uns selbst heute noch geläufig ist, damals aber so manche in heller Begeisterung für den Bahnbau gegründete Gesellschaft rasch wieder auseinandergehen ließ: Den Kapitalmangel. Der Bahnbau erforderte Geldsummen, wie sie der Höhe nach bis dahin kaum vorstellbar waren. So spielte von Anfang an die Frage eine Rolle, wer denn die Eisenbahnen bauen sollte, Privatunternehmer oder der Staat? Bedenken wir, daß die Staatsfinanzen in jener ersten Hälfte des vorigen Jahrhunderts bei weitem nicht so reichlich flossen, wie das heute der Fall ist. Die Steuern waren niedrig, es galt, den Wohlstand der Bevölkerung mit allen Mitteln zu heben. Vielfach bestand eine gewisse Furcht vor Vermehrung der Staatsschulden. Ein schuldenfreies Staatswesen zählte noch als Ideal. Die Eisenbahnen waren auch noch zu neu, und man glaubte, der Verwaltung mit ihrem Bau artfremde Aufgaben zu übertragen. Das wurde erst anders, als die Bedeutung der Eisenbahn für den Wohlstand des Landes offenkundig wurde, als auch das Militär ihren Wert für schnelle Truppenbewegungen schätzen lernte, kurz, als der Staat einzugreifen gezwungen war, wollte er nicht den Bahnbau in wüste Geschäftemacherei ausarten lassen, wie es teilweise bereits der Fall gewesen ist.

So galt also in aller Welt der private Eisenbahnbau zunächst als Normalfall. In England, Frankreich, Holland, der Schweiz, Preußen, Österreich usw. nahmen private Gesellschaften die Dinge in die Hand, der Staat behielt sich nur ein loses Eingriffsrecht vor oder verzichtete ganz auf Mitbestimmung. In Deutschland machten Braunschweig und die süddeutschen Staaten aus Mangel an privatem Kapital eine Ausnahme. Dort entstanden alsbald die bayerischen, badischen, württembergischen und — nach einer unbefriedigenden privaten Bauperiode — auch die sächsischen Staatsbahnen. Preußen war gezwungen, von Staats wegen einzugreifen, als der Pleitegeier so manches unter großen Hoffnungen gegründete Bahnunternehmen bedrohte, ferner als es galt, die von der Industrialisierung benachteiligten Landesteile an das neue Verkehrsmittel anzuschließen, für die das erforderliche Kapital nicht aufzubringen war.

Die Frage, welchem System denn der Vorzug zu geben sei, ist immer emotionell belastet gewesen, je nachdem ob man das soziale oder kapitalistische Moment betont. Manche Länder sind gut mit ihren privaten Eisenbahngesellschaften gefahren, denken wir an England mit seiner fruchtbaren Konkurrenz zwischen den einzelnen Linien. Oder an die USA, wo die privaten Gesellschaften außergewöhnliche Leistungen hervorbrachten und dem technischen Fortschritt fast mehr dienten, als es eine Staatsbahn vermochte. Denn die Regierungen schätzten die Staatsbahnen gern als die zu melkende Kuh für das Budget und versuchten, möglichst viel Überschuß aus ihnen zu erzielen. Das führte in den Ländern, die ohnehin von den Segnungen der Technik wenig abbekommen hatten, dazu, daß das Bahnwesen vernachlässigt wurde, denken wir an Bayern. Andererseits hätte aber so manche zweitrangige Bahnlinie nicht gebaut werden können, wäre es nur um Profit gegangen. Insgesamt gesehen muß gesagt werden, daß gegen Ende des 19. Jahrhunderts die Aufgaben im Transportwesen so enorm gestiegen waren, daß der Staat an einer Mitwirkung nicht mehr vorbei kam. In Frankreich und England griff er erst ein, als es fast zu spät war, in den USA sogar erst nach Ende des Eisenbahn-Jahrhunderts.

Leider ist der zur Verfügung stehende Raum zu beschränkt, um auch auf die Entwicklung im Ausland eingehen zu können. Wir müssen den Leser vielmehr auf das interessante, im gleichen Verlag erschienene Buch von Hamilton Ellis, „Die Welt der Eisenbahn" verweisen, das die Dinge zwar einseitig vom angelsächsischen Standpunkt aus ansieht, aber dennoch einen guten Überblick auch über weniger bekannte Vorgänge vermittelt. Uns geht es hier um die deutschen Bahnen, um das Eisenbahn-Jahrhundert in Deutschland, sein Werden, seine Auswirkungen und sein Ende. Verschaffen wir uns nunmehr ein Bild von den einzelnen Bahnen.

Bayern war das Land mit der ersten deutschen Eisenbahn. Auch die zweite Bahnstrecke, die München-Augsburger Eisenbahn, die 1839/40 eröffnet wurde, verdankt ihr Entstehen privater Initiative, wurde aber bereits 1844 vom bayerischen Staat übernommen, der künftig den Bahnbau weiter betrieb und alsbald durch den Bau der Ludwigs-Süd-Nordbahn 1844—53 einen bedeutenden Beitrag zur deutschen Eisenbahngeschichte leistete (Strecke Lindau — Augsburg — Nürnberg — Hof). Hingegen entstand die bayerische Ostbahn in den Jahren 1858/61 wieder als private Aktiengesellschaft. Sie wurde 1875 verstaatlicht. In der bayerischen Pfalz eröffnete 1847 die Pfalzbahngesellschaft ihre erste Strecke und betrieb bis zum Jahre 1908 das linksrheinische bayerische Netz, ehe sie vom Staat angekauft wurde.

Baden eröffnete 1840 mit der Linie Mannheim — Heidelberg das erste Teilstück seines Staatsbahnnetzes, das für den Durchgangsverkehr (Mannheim — Karlsruhe — Basel) von großer Bedeutung wurde.

Württemberg bekam 1845 die erste Eisenbahn zwischen Bad Cannstatt und Untertürkheim. Die große württembergische Magistrale Heilbronn — Bietigheim — Stuttgart — Ulm — Friedrichshafen wurde bis 1850 fertiggestellt.

In Sachsen bestand die Leipzig-Dresdener Eisenbahn als zweitälteste deutsche

Bahnlinie bis 1876, ehe sie vom Staat angekauft wurde. Weitere Bahnbauten wurden in Sachsen teils privat, teils vom Staat ausgeführt, wobei die privaten Unternehmen alsbald staatliche Unterstützung erforderten. Die sich allmählich entwickelnden Netze der Sächs. Westl. Staatsbahn (Sächs-Bayer. Bahn u. Chemnitzer Linien) und Sächs. Östl. Staatsbahn (Sächs. Schles. und Sächs. Böhm. Eisenb.) wurden 1869 vereinigt.

Bis 1866 bestand auch im Königreich Hannover die 1843 eröffnete Staatsbahn. Sie kam nach Kriegsschluß zusammen mit den Bahnstrecken des kurhessischen Verbündeten an Preußen (Nassauische Eb., Bebra-Hanauer Eb. u. a.).

In Mecklenburg baute eine private Gesellschaft 1847—50 die erste Eisenbahn (Strecke Hagenow — Schwerin — Bützow — Rostock). Kapitalmangel ließ alsbald den Staat eingreifen, um dessen Finanzen es jedoch ebenfalls schwach bestellt war. Nach einer weiteren privatrechtlichen Episode gingen erst 1890 die Bahnen endgültig an den Staat über, nunmehr als Mecklenburgische Friedrich-Franz-Eisenbahn.

Die kleinste der deutschen Staatsbahnen, die Oldenburgische Eisenbahn, trat erst 1867 mit Eröffnung der Teilstrecke Oldenburg — Bremen ins Leben. Sie ist aufgrund ihrer abseitigen Lage und ihrer geringeren Verkehrsbedeutung nie besonders in Erscheinung getreten.

Preußen hatte im Gesetz von 1838 der Privatinitiative einen weiten Spielraum eingeräumt. Viele hochgespannte Erwartungen wurden jedoch durch das mangelnde Verkehrsbedürfnis der ersten beiden Jahrzehnte zunichte gemacht. Schon 1842 mußte der Staat mit Zinsgarantien einspringen und später den Bahnbau auf eigene Rechnung betreiben, wobei ihm die wenig rentablen Strecken zufielen. Werfen wir einen Blick auf die größten preußischen Bahnen (ein vollständiges Verzeichnis findet der Leser in dem im gleichen Verlag erschienenen Buch „Weite Welt des Schienenstrangs", Seite 32/34):

Größte Privatbahnen (in Klammern Eröffnungsdatum)	Länge km
Rheinische Eisenbahn (1839)	1295
Magdeburg-Halberstädter Eisenbahn (1843)	1268
Berlin-Stettiner Eisenbahn (1842)	961
Breslau-Schweidnitz-Freiburger Eisenbahn (1843)	600
Thüringische Eisenbahn (1846)	504
Berlin-Hamburger Eisenbahn (1845)	450
Berlin-Anhaltische Eisenbahn (1840)	431
Berlin-Görlitzer Eisenbahn (1866)	318
Berlin-Potsdam-Magdeburger Eisenbahn (1838)	260
Privatbahnen mit Staatsunterstützung	
Oberschlesische Eisenbahn (1842)	1626
Bergisch-Märkische Eisenbahn (1847)	1337
Cöln-Mindener Eisenbahn (1845)	1112
Niederschlesisch-Märkische Eisenbahn (1844)	389

Preußische Staatsbahnen
Kgl. Ostbahn (KED Bromberg, 1851)
Kgl. Westfälische Eisenbahn (KED Paderborn, 1848)
Kgl. Saarbrücker Eisenbahn (KED Saarbrücken, 1852)

dazu 1852 durch Ankauf
Kgl. Niederschlesisch-Märkische Eisenbahn (KED Berlin)

Vom preußischen Staat wurden schließlich noch nachstehende Privatbahnen betrieben:
Bergisch-Märkische Eisenbahn seit 1850 (KED Elberfeld)
Stargard-Posener Eisenbahn seit 1851 (KED Bromberg, später Breslau)
Prinz Wilhelm Eisenbahn seit 1854 (KED Elberfeld)
Wilhelmsbahn seit 1857 (KED Ratibor)
Oberschlesische Eisenbahn seit 1857 (KED Berlin)
Rhein-Nahe Eisenbahn, verwaltet von der Kgl. Saarbrücker Eisenbahn

An der Cöln-Mindener Eisenbahn war der Staat mit einem Aktienkapital von 13 Millionen Talern beteiligt. 1866 veräußerte der preußische Finanzminister v. d. Heydt diesen Anteil zwecks Finanzierung des Krieges gegen Österreich.
Lassen wir es bei diesen Angaben bewenden. Die Zahl der Privatbahnen ist zu umfangreich, ihre Zuordnung nicht immer leicht überschaubar. Schließlich — wen interessieren sie heute noch? Weisen wir noch kurz auf die Hessische Ludwigsbahn (748 km) und die Main-Neckar Eisenbahn (127 km) hin, die 1896 und 1901 gemeinsam vom preußischen und hessischen Staat angekauft und der Gemeinschaftsdirektion Mainz unterstellt wurden. Nach Ankauf der Privatbahnen wurde die Verwaltung dieses größten deutschen Bahngebildes neu geordnet. Es entstanden 1895 die teilweise heute noch erhaltenen Direktionen Altona, Berlin, Breslau, Bromberg, Danzig, Elberfeld, Erfurt, Essen, Frankfurt a. M., Halle, Hannover, Kassel, Kattowitz, Köln, Königsberg, Magdeburg, Mainz, Münster, Posen, Saarbrücken und Stettin.
Unsere Karte auf Seite 97 weist aus, daß zu Beginn des Deutsch-Französischen Krieges bereits die wesentlichen Teile unseres heutigen Eisenbahnnetzes bestanden. Während der Kriegshandlungen legte das neue Verkehrsmittel seine Bewährungsprobe ab und wies seine Bedeutung für das Militär in überzeugender Weise nach.
Das Jahr 1870 stellte nur zeitlich im Zusammenhang mit den Kriegsereignissen eine gewisse Zäsur dar. Nach Friedensschluß entstand noch eine ganze Reihe wichtiger Bahnbauten, einmal als Folge der sogenannten Gründerjahre (Eisenbahnkönig Strousberg), zum anderen auf Drängen des Generalstabes. Die Unvollständigkeit des Netzes und die Zersplitterung in viele Einzelgesellschaften hatte zu manchen Störungen in der Versorgung der Truppen geführt. So wurde die bereits 1870 begonnene Berlin-Lehrter Eisenbahn als eine der wichtigsten Rollbahnen nach dem Westen fertiggestellt. Die Bedeutung dieser großzügig

trassierten Strecke ist heute infolge der unglücklichen Teilung unseres Landes in Vergessenheit geraten. Normalerweise wäre gerade diese Bahnlinie dazu ausersehen, Züge zwischen Berlin und Hannover mit Geschwindigkeiten von 200 km/h verkehren zu lassen und Kernstück des schnellen Ost-West-Verkehrs zu bilden.

An weiteren Bahnbauten, die besonders strategischen Zwecken dienten, verdient die sogenannte Kanonenbahn Berlin — Blankenheim mit ihrer Fortsetzung Leinefelde — Treysa und Wetzlar — Lollar Erwähnung. Sie war gebaut worden, nachdem die Berlin-Anhalter sowie die Berlin-Potsdam-Magdeburger Eisenbahn den West-Ost-Verkehr allein nicht bewältigen konnten. Eine Lücke im Südwesten des Reiches sollte die noch heute Strategische Bahn genannte Strecke Immendingen — Waldshut füllen, deren schwierige Linienführung allerdings nur in beschränktem Maße den gedachten Zweck erfüllen ließ. Weitere bedeutende Bahnbauten sind die 1875 eröffnete Berlin-Dresdener Eisenbahn und die Berliner Nordbahn von 1877. Schließlich fällt in die Jahre nach 1870 noch der Bau der Nord-Süd-Verbindung. Die Strecke Großheringen — Saalfeld war 1874 als Nebenbahn rein lokaler Bedeutung eröffnet worden, erfuhr aber nach Übernahme durch den Staat einen Ausbau als Hauptschlagader des Verkehrs Berlin — Halle/Leipzig — Nürnberg — München. Der Umbau zog sich bis 1895 hin, seine lange Dauer verrät uns, daß er in die Jahre der großen Wirtschaftskrise fiel, als über zwanzig Jahre hinweg die Wirtschaft des Landes darniederlag mit all ihren schrecklichen Erscheinungen, Arbeitslosigkeit, Hunger, Elend. Jene große Krise hat viel zur Anrüchigkeit des frühen Industriezeitalters beigetragen. Es war die Zeit, als die Sozialdemokratie sich zu einem gewichtigen Faktor im politischen Leben des Staates entwickelte und Bismarck seine Sozialistengesetze erließ. Der Eisenbahnbau geriet ins Stocken, es gab Bahnen, die in jenen Jahren überhaupt keine neuen Fahrzeuge in Dienst stellten. Es war die Zeit der Konkurse, der Fabrikschließungen, wozu manch alte Lokomotivfabrik gehörte.

Die Krise hatte im Mai 1873 mit Massenkonkursen begonnen und die sogenannten Gründerjahre jäh beendet. In Handel und Wandel lag der Unternehmungsgeist darnieder. Bei der Fülle des unbeschäftigten Geldes waren die Zinssätze ungewöhnlich niedrig, wovon der Bau von Mietshäusern durch billige Hypotheken profitierte. Dazu kamen weitere krisenhafte Entwicklungen auf verschiedenen auswärtigen Märkten. Mehr als zwei Jahrzehnte haben Industrie und Handel auf eine durchgreifende Besserung vergeblich gehofft. Erst das Jahr 1895 brachte den sehnlichst erwarteten Umschwung durch die sich kräftig entwickelnde Elektroindustrie. Schon 1894 hatte der glückliche Abschluß langfristiger Handelsverträge eine zuversichtliche Stimmung aufkommen lassen. Von 1895 bis 1900 stieg die Roheisenproduktion von 5½ auf 8½ Millionen Tonnen und die Kohleförderung von 104 auf 150 Millionen Tonnen. In den Jahren 1900—1901 trat zwar noch ein Rückschlag ein, der auch bedeutenden Unternehmen Schwierigkeiten brachte. Doch 1901 setzte die große wirtschaftliche Blütezeit ein, die bis zum Ersten Weltkrieg dauerte und dem Land den lange vermißten Wohlstand brachte. Sie stellt den Höhepunkt der Wilhelminischen Zeit, damit auch unseres Eisenbahn-Jahrhunderts dar.

In jene Krisenjahre fällt die Verstaatlichung der privaten Eisenbahngesellschaften in Preußen, die Bismarck, gestützt auf starke nationale Kräfte im Reichstag betrieb. Eine Handhabe hierzu bot das 1873 gegründete Reichseisenbahnamt, das eine Art Aufsichtsrecht über die deutschen Bahnen ausübte, vor allem auf Einhalten der gesetzlichen Bestimmungen und die Abstellungen von Mißständen achten sollte. Mag die wirtschaftliche Lage mit ihrem billigen Geld (und den 5 Milliarden Goldmark Reparationen aus Frankreich) die Verstaatlichung begünstigt haben, auslösendes Moment waren einmal die Schwierigkeiten, die im Kriege 1870/71 eingetreten waren, zum anderen der erbitterte Konkurrenzkampf, den sich die einzelnen Privatbahnen in jenen Krisenjahren lieferten. Wir brauchen nur an die Überschneidung der einzelnen Gesellschaften beispielsweise im Ruhrgebiet zu denken, wo sich die Cöln-Mindener, die Bergisch-Märkische, die Rheinische und die Westfälische Eisenbahn gegenseitig das Wasser abgruben. An diesem Konkurrenzkampf sind die sogenannten Gründerjahre 1871/73, als im Rausche des Sieges und der damit verbundenen wirtschaftlichen guten Konjunktur zahlreiche, meist unsolide, Unternehmen entstanden, die 1873 mit ihrem Zusammenbruch wesentlich zur Krise beitrugen, nicht unschuldig. Jene Zeit ist eine der interessantesten Episoden unseres Eisenbahn-Jahrhunderts, und beim Studium der Vorgänge mag man mitunter an Vorkommnisse in Amerika denken. Die üble Geschäftemacherei hatte auch auf die Bahngesellschaften übergegriffen, selbst rentable Unternehmen gerieten in Not, weil die Aktionäre nicht genug Dividende aus ihnen herausholen konnten. So folgte der Staat eigentlich nur dem „gesunden Volksempfinden", als er dem Spekulationstreiben ein Ende bereitete. Denn die Empörung über die Zustände bei den Privatbahnen war groß. Übrigens ist es ungerecht, Bismarck den alleinigen Lorbeer für die Verstaatlichung zuzuerkennen. Sie ist im wesentlichen das Werk des preußischen Handelsministers (seit 1878) und späteren Chefs des Reichseisenbahnamtes und Minister für Öffentliche Arbeiten, Albert Maybach, der mit großer Umsicht den Ankauf der Privatbahnen betrieb und mit Fug und Recht als der eigentliche Gründer der Preußischen Staatsbahn bezeichnet werden kann. Maybach war einer der bedeutendsten Staatsmänner der Bismarckzeit, von seiner historischen Leistung zehren wir noch heute.

In den Jahren 1876 bis 1890 wurden die meisten Bahnen in Staatseigentum überführt, einige kleinere folgten bis 1904. Den gemeinsamen Ankauf der Hessischen Ludwigsbahn und der Main-Neckar-Eisenbahn durch Preußen und Hessen erwähnten wir bereits. Insgesamt hat der preußische Staat in den Jahren 1872—1914 15 667 km Privatbahnen mit 5314 Lokomotiven und 129 336 Wagen zum Kaufpreis von 4 394 711 968 Mark erworben.

Preußischer Ordnungssinn und preußische Sparsamkeit sorgten dafür, daß bereits um die Jahrhundertwende alle Mängel überwunden waren (und es gab schwere Mängel, die Anlagen der Hessischen Ludwigsbahn waren zum Beispiel völlig abgewirtschaftet) und ein einheitliches Bahnunternehmen bestand, die Königl. Preußische Eisenbahnverwaltung (K.P.E.V.), die sich in der ganzen Welt sehen lassen konnte. Das preußische Beispiel machte Schule, Bayern verstaatlichte 1875 seine Ostbahn, Sachsen 1876 die Leipzig-Dresdener Bahn. Nur die Pfalzbahnen blieben bis 1908 selbständig.

Wir erwähnten die Auswirkungen der Wirtschaftskrise, die auch im Eisenbahnwesen einen Stillstand bis zur Mitte der neunziger Jahre bewirkte. Ein Ereignis verdient Erwähnung, das dem Eisenbahnbau besonders in ländlichen Gebieten neuen Auftrieb verliehen hat.

Nachdem um 1880 Streckensystem und Betriebsweise der Staatsbahnen insbesondere in Preußen im wesentlichen festgelegt waren, ging es um die Erschließung der landwirtschaftlich orientierten Gebiete, vorwiegend des Ostens. Hier mußte eine Betriebsweise gefunden werden, die — abweichend vom Gesetz von 1838 — es privaten Unternehmen ermöglichte, die Betriebsausgaben und die zu erwartenden Gesellschaftskosten mit den Einnahmen in Einklang zu bringen. Der preußische Staat regelte diese Fragen in dem „Gesetz über die Kleinbahnen und Privatanschlußbahnen vom 28. Juli 1892". Dort wurde der Begriff der nebenbahnähnlichen Kleinbahn eingeführt, die seither in erheblichem Umfang zur Erschließung der ländlichen Gebiete beigetragen hat. Heute sind die allermeisten, aufgrund dieses Gesetzes gegründeten Kleinbahnen wieder verschwunden. Gras wächst auf den mit so viel Hoffnung erbauten Trassen. Wir können nur noch entfernt ahnen, wieviel Segen dieses Gesetz auf dem Lande gestiftet hat. Die anderen Bundesländer hatten schon früher den Bau von Sekundärbahnen ermöglicht, denken wir an Bayern oder an die zahlreichen Schmalspurbahnen Sachsens, deren Betrieb viel Gutes bewirkt hat. Preußen holte jetzt Versäumtes nach. Jeder Landrat rechnete es sich zur Ehre an, beim Bahnbau in seinem Kreise Fortschritte aufzuweisen, wie es der Reichskanzler von Bethmann Hollweg in der Rückschau auf seine frühere Tätigkeit einmal ausgedrückt hat: „Ich war elf Jahre Landrat im Kreise Oberbarnim, ich baute jährlich 15 km Chaussee, außerdem Krankenhäuser und vor allem Kleinbahnen."

Das Kleinbahngesetz von 1892 setzte den Schlußstein unter die Entwicklung in Preußen. Allenthalben wurden jetzt Kleinbahnen gebaut, teils in Normal-, teils in Schmalspur, die mitunter aus Gründen der Billigkeit einfach die vorhandenen Chausseen mit benutzten oder sich an diese anlehnten. Aber gerade in dem Augenblick, in welchem das Eisenbahnnetz seine dichteste Vermaschung erreichen sollte und der Schienenverkehr seinem Höhepunkt zustrebte, meldete sich der Konkurrent an. 1883 bauten Daimler und Benz unabhängig voneinander das erste Auto, 1897 kam die Erfindung Diesels dazu. Sie sollten zu Totengräbern des Eisenbahn-Jahrhunderts werden.

Charakteristika des letzten Aufschwungs der Schiene sind die Einführung der vierachsigen D-Zugwagen im Jahre 1891 und damit der Einsatz der ersten D-Züge im Jahr darauf. Noch galt die Dampflokomotive als alleinherrschende Zugmaschine, aber bereits 1895 lief, von Oskar von Miller erbaut, die erste elektrische Vollbahn, und 1903 erreichten zwei Elektrotriebwagen der AEG und Siemens Geschwindigkeiten bis zu 210 km/h. Das stellte damals die höchsten mit Landfahrzeugen erreichten Geschwindigkeiten dar. 1912 lief bereits die erste Großdiesellok auf deutschen Bahnen. Eine Wende schien unmittelbar bevorzustehen, nicht im System, aber in der Traktionsart. Das war in den Jahren, als Deutschland den Gipfel seiner politischen Macht und seines wirtschaftlichen Ansehens gewann. Dementsprechend auf der Höhe stand auch das Eisenbahnwesen, besonders in Preußen mit seinem straff geführten Betrieb. Zwar lagen die Reisegeschwindigkeiten in Deutschland auch bei den schnellsten Zügen erheblich unter denen Englands, Frankreichs und Belgiens (1914 Berlin — Hamburg 88 km/h). Doch was die deutschen Bahnen von allen anderen Ländern unterschied, war ihre Zuverlässigkeit, ihre Pünktlichkeit, ihre Ordnung. „Pünktlich wie die Eisenbahn" lautete ein geflügeltes Wort. Auch hinsichtlich der Sicherheit standen die deutschen Bahnen an erster Stelle in der Welt. Die Zahl der Unfälle blieb gering, gemessen an den Transportleistungen, das übrigens schon seit den Anfangszeiten. Man empfand damals die Tragik eines Unglücks viel stärker als heute, da unsere Sinne abgestumpft sind. Als nach Eröffnung der Main-Weser-Bahn im Jahre 1850 alsbald der Hund des Friedberger Bahnhofswirts überfahren wurde, nahm die ganze Umgebung Anteil und nötigte die Lokführer zu besonderer Vorsicht.

Der Ausbruch des Ersten Weltkrieges bedeutete eine tiefgreifende Zäsur in der Entwicklung des Schienenverkehrs. Ersparen wir uns, hier niederzuschreiben, was die deutschen und darüber hinaus die europäischen Eisenbahnen in beiden Weltkriegen leisten mußten. Was sich an den Fronten an stillem Heldentum zutrug, ist uninteressant geworden. Und nach all den Zugbegleitern, Maschinisten, Rangierern und Weichenstellern hat noch niemand gefragt.

Das letzte Kapitel der deutschen Eisenbahngeschichte begann am 1. April 1920. An diesem Tage gingen alle Länderbahnen auf das durch Reichsgesetz neu gegründete Unternehmen Deutsche Reichsbahn über, das in schwerster Zeit seine Arbeit aufnehmen mußte. Die Zeit war für eine einheitliche deutsche Eisenbahnverwaltung reif geworden, die neugegründete Republik schuf den Rahmen, der den Zusammenschluß ermöglichte. Zu einem Übernahmepreis von 39 Milliarden Mark wurden eingegliedert:

Preußische Staatsbahn	34 443 km
Bayerische Staatsbahn	8 526 km
Sächsische Staatsbahn	3 370 km
Württembergische Staatsbahn	2 156 km
Badische Staatsbahn	1 899 km
Hessischer Teil der Preußischen Staatsbahn	1 307 km
Mecklenburgische Friedrich-Franz-Eisenbahn	1 178 km
Oldenburgische Staatsbahn	681 km
zusammen	53 560 km

Die nach dem Kriege 1870/71 übernommenen und als Reichseisenbahnen geführten elsaß-lothringischen Strecken gingen wieder an den französischen Staat zurück.

Der Erste Weltkrieg hatte tiefe Spuren hinterlassen, der Oberbau war abgewirtschaftet, das rollende Material durch Abgabe und Verluste von 8 000 Lokomotiven, 13 000 Personenwagen und 280 000 Güterwagen dezimiert, den größten Teil erhielten die Siegermächte aufgrund der Waffenstillstandsbedingungen von 1918. Dazu sahen sich alle Bahnen der Welt veränderten Bedingungen gegenüber. Die Rivalen der Eisenbahn hatten im Kriege ihre Bewährungsprobe bestanden und sich kräftig entwickelt: Kraftwagen und Flugzeug. Was noch 1914 ein Luxusgefährt für auserwählte Schichten schien, war jetzt aus dem Straßenbild nicht mehr hinwegzudenken. Henry Fords berühmtes T-Modell gilt noch heute als das erste Volksauto, das dem Benzinmotor zum Durchbruch verholfen hat und darüber hinaus ausgesprochen billig war. Auch in Deutschland blühten die Automobilfabriken auf, Adam Opel in Rüsselsheim, Daimler-Benz in Stuttgart, Horch in Zwickau, Brennabor in Brandenburg, Stoewer in Stettin, NAG, Protos, Vomag und wie sie alle hießen. Die alten Lokomotivfabriken liebäugelten mit dem neuen Geschäftszweig, so Henschel, der sich schon bald dem Lastwagenbau zuwandte, und die Hanomag, der billige Volksautos vorschwebten. Demgegenüber verlief die Entwicklung in der Luftfahrt zunächst langsamer, denn dort standen noch Zeppelin und Tragflächenapparat in Konkurrenz. Noch galt mehr als Sport, was einst handfestes Geschäft werden sollte.

Doch zunächst gab es 1919 andere Sorgen, als an die Konkurrenz zu denken. Heere entlassener Soldaten mußten in Lohn und Brot gebracht werden. Mangels anderweitiger Beschäftigung arbeiteten sogar artfremde Unternehmen vorübergehend im Lokomotivbau, so die AEG, Brown Boveri und Rheinmetall. Krupp wandte sich dem Lokomotivbau zu, um die durch Ausfall der Kriegsproduktion entstandene Lücke zu schließen.

Mühselig ging es mit dem jungen Unternehmen aufwärts. Sonderwünsche der einzelnen Länder mußten berücksichtigt werden. Denn die Eingliederung ihrer Bahnen folgte zwar einer zwingenden Notwendigkeit, darüber hinaus war man nur mit halbem Herzen dabei. Insbesondere Bayern fürchtete die preußische Überfremdung. Dabei konnten gerade in Süddeutschland die infolge der Abgaben an die Sieger entstandenen Lücken im Fahrzeugpark nur durch Ausgleich aus dem Norden überbrückt werden. Wirtschaftliche Schwierigkeiten, politische Probleme wie Ruhrkampf und Rheinlandbesetzung, dazu Inflation und Geldmangel ließen keine Freude an der nun endlich erreichten Einheitlichkeit des deutschen Bahnwesens aufkommen. Im Jahre 1924 wurde zur Erfüllung der Reparationsverpflichtungen aufgrund des Dawes-Planes die Deutsche Reichsbahn in eine Gesellschaft umgewandelt und als Sicherheit verpfändet (bis 1932). Dawes-Bahn hieß man sie scherzhaft. Berücksichtigt man all diese enormen Probleme der damaligen Situation — auch die Politik sah sich außerstande zu helfen — so ist immer wieder erstaunlich, in welch kurzer Zeit sich die deutschen

Bahnen von den Folgen des Krieges erholt hatten. Bereits um 1930 war der Oberbau soweit wiederhergestellt, daß allmählich die Reisegeschwindigkeiten erhöht werden konnten. 1928 wurde die 4. Wagenklasse abgeschafft, 1927 die 24-Stundenzeit eingeführt, die den lästigen Unterschied zwischen den mit gleichen Ziffern bezeichneten Zeiten vor- und nachmittags aufhob. Großes Verdienst um den Aufbau der Reichsbahn hat sich der damalige Generaldirektor Julius Dorpmüller erworben, wohl einer der fähigsten Techniker, der jemals einem solchen Unternehmen vorgestanden hat. Denn dieses Mammut-Unternehmen, das größte seiner Art, zählte immerhin 735 000 Beschäftigte. Der Konkurrenz des Kraftwagens versuchte man durch Erhöhung der Attraktivität der Schiene zu begegnen. Bereits 1923 wurden Fernschnellzüge (FD) eingesetzt, die bei Zahllung eines erhöhten Zuschlages eine schnelle Verbindung der Wirtschaftszentren untereinander und besseren Service boten. Der berühmteste unter ihnen wurde der 1928 eingerichtete „Rheingold"-Expreß, der aus einer speziell für ihn gebauten Wagengarnitur bestand und Holland mit der Schweiz verband. Hier ging es darum, den Transitverkehr von Belgien/Frankreich ab auf Deutschland zu lenken.

1930 machte der Kruckenbergsche Schienenzeppelin von sich reden, der dann im „Fliegenden Hamburger" von 1932 seine Weiterentwicklung erlebte. Mit diesen leichten dieselelektrischen Fahrzeugen konnten die Fahrzeiten drastisch verkürzt werden bei Höchstgeschwindigkeiten von 160 km/h. Die Wirtschaftskrise von 1929/32 setzte jedoch abermals allen Bemühungen ein vorläufiges Halt. Die neu entwickelten Einheitslokomotiven wurden nur in geringer Stückzahl gebaut. Noch immer bestand das Gros des Wagenparks aus Fahrzeugen der ehemaligen Länderbahnen, und die Zahl der Lokomotivtypen überstieg die 200.

Als 1933 die nationalsozialistische Ära anbrach, da ging es wohl mit dem Eisenbahnwesen in gewissem Sinne aufwärts. Einen besonderen Höhepunkt bildete das Jahr 1935 mit der Feier zum hundertjährigen Bestehen der deutschen Eisenbahnen. Die Deutsche Reichsbahn konnte diesen Tag nicht ohne Stolz und Selbstbewußtsein begehen, denn was bis dahin geleistet worden war, fand in der ganzen Welt Anerkennung. Damals wurden die ersten Schnellfahrlokomotiven der Öffentlichkeit vorgestellt. Dieseltriebfahrzeuge liefen in größerer Stückzahl, und auch die Elektrifizierung hatte Fortschritte gemacht, die neuen Elektroloks zeigten hervorragende Leistungen.

Der Umfang des Verkehrs hatte im Jahre 1939 einen neuen Gipfelpunkt erreicht, den wir vielleicht am besten an der Zahl der täglich optimal auf den großen Bahnhöfen abfahrenden D- und Eilzüge ermessen können. Es waren dies Züge in

Köln Hbf	160	Halle	105	Nürnberg	80
Düsseldorf	135	München	92	Stuttgart	78
Frankfurt a. M.	130	Karlsruhe	88	Dortmund Hbf	78
Leipzig	125	Essen Hbf	87	Mainz	78
Hannover	120	Mannheim	85	Hamburg Hbf	77

Magdeburg	76	Augsburg	67	Breslau Hbf	
Dresden Hbf	73	Würzburg	62	u. Freib. Bf.	58
Erfurt	68	Kassel	61	Königsberg	22
		Bremen	60		

Aber es war ein letztes Aufflackern, das Ende des Eisenbahn-Jahrhunderts ließ sich nicht mehr aufhalten. Hitler hat wesentlich durch seine Überbetonung des Kraftwagens zu seinem beschleunigten Untergang beigetragen, ein Fehlschluß, der sich im Kriege bitter rächte. Die Größe der Transportleistungen ließ schon nach wenigen Jahren die Eisenbahnen zu späten Ehren gelangen. Ja, nach Kriegsbeginn und Eroberung weiter Gebiete des Ostens tauchten sogar Pläne für eine Super-Breitspurbahn auf. Aber es waren mehr größenwahnsinnige Hirngespinste des Diktators, deren Verwirklichung dahingestellt bleiben muß. Der Ausgang des Krieges hat sowieso alle Überlegungen nach einer Weiterentwicklung der Schiene in andere Bahnen gelenkt.

So bringt die Abenddämmerung des Eisenbahn-Jahrhunderts, wenn wir jene Zeit zwischen den beiden Kriegen einmal so nennen wollen, zwar noch schöne Einzelerfolge. Aber sie können nicht darüber hinwegtäuschen, daß die Zeit der Eisenbahn als alleiniges Landverkehrsmittel vorbei ist. Immerhin haben die Bahnen die Herausforderung durch den Kraftwagen angenommen und ganz besonders in den USA mit Leistungen erwidert, die den absoluten Höhepunkt sowohl in technischer wie auch in betrieblicher Hinsicht darstellten. Riesige Dampflokomotiven mit 8 000 PS Leistung brausten vor schweren Überlandzügen mit Höchstgeschwindigkeiten bis zu 200 km/h über den Kontinent. Im Donner ihrer Auspuffstöße erklang letztmalig das Hohelied der Dampfmaschine. Das Rad der Geschichte läßt sich jedoch nicht zurückdrehen. Aus dem armseligen, stinkenden, knatternden Gefährt, das auf der Landstraße Mühe hatte, sich überhaupt fortzubewegen, war der elegante stromlinienförmige Straßenkreuzer geworden, der mit 60, 80, ja 120 PS jedes andere Verkehrsmittel in den Schatten stellte. Lastkraftwagen übernahmen den Gütertransport von Haus zu Haus und boten Vorteile, wie sie dem Schienenfahrzeug fehlten. Es war die Unabhängigkeit, die dem Kraftwagen zum Siege verhalf, Unabhängigkeit, die alsbald zum Idol der Epoche erhoben werden sollte.

Der Zusammenbruch von 1945 stellte dann auch faktisch das Ende des Eisenbahn-Jahrhunderts dar. Den Neuaufbau leisteten Bahn und Kraftwagen noch gemeinsam. Der beginnende wirtschaftliche Aufschwung, das, was wir Wirtschaftswunder nennen, ließ jedoch die Schiene weit hinter sich. Während die Bahnen die Zerstörungen des Zweiten Weltkrieges aus eigener Kraft beseitigen mußten, wurden dem Kraftfahrzeug die Wege von Staats wegen geebnet. Ja, der Bürger forderte sie als sein gutes Recht. Der Wandel, der sich in der ganzen Welt nach 1945 vollzog, ist mit rationalen Gründen nicht ohne weiteres zu erklären. Der Drang zum eigenen Auto lief wie eine riesenhafte Sturmflut um die Erde, die Menschheit wurde von einem wahren Autotaumel erfaßt, der sich durch sich selbst noch steigerte. Kein Opfer war zu hoch, keine Mühe zu gering, keine persönliche Entbehrung zu groß, ging es um das Statussymbol Auto. So ist mit dem Wechsel der Epochen auch ein geistiger Wandel verbunden. Aus dem Leben in der Gemeinschaft, wie es noch das Eisenbahn-Jahrhundert forderte, entstand das Leben im Ich. Egoismus, gepaart mit Rücksichtslosigkeit und Gleichgültigkeit drücken sich im Auto aus, in einem Fahrzeug, in dem Millionen Menschen täglich — allein — über die Straßen brausen. So stellt der Übergang zum Auto-Zeitalter weniger ein wirtschaftliches, erst recht kein verkehrstechnisches, vielmehr ein — moralisches Problem dar, das kommende Generationen noch zu bewältigen haben werden.

*

Ein Wort noch zur technischen Entwicklung. Wichtigster Bestandteil der Eisenbahn ist die Schiene. Hier mußte viel Lehrgeld gezahlt werden, ehe man die günstigsten Ausführungen herausfand. Doch das Lehrgeld verteilte sich auf die Bahnen aller Länder. Bereits beim Bau der Leipzig-Dresdener Eisenbahn standen das amerikanische System (Plattschienen auf Gleisbäumen mit Grundschwellen) und das englische (Kantenschienen auf gußeisernen Stühlen und Grundschwellen) zur Debatte. Das amerikanische galt als das billigere, und in einem Bericht des Leipziger Eisenbahn-Comités von 1834 wird sogleich die Katze aus dem Sack gelassen: „Nicht die Dauer und Kostspieligkeit des Materials sondern Sicherheit gegen den Unwerth der Actien und eine möglichst hohe, gleich nach Vollendung der Bahn erreichbare Dividende und ein verhältnismäßiger Gewinn an den Actien muß das Ziel sein, wonach verständige Unternehmer zu streben haben."
Leider wurde die Rechnung für dieses Streben bald in anderer als der gewünschten Weise präsentiert. Schon bei den ersten Lokomotivfahrten brach das vielgerühmte billige Material zusammen. Im Jahre 1843 mußte der gesamte amerikanische Plattschienen-Oberbau beseitigt werden. Immerhin hat die Leipzig-Dresdener Bahn hier Pionierarbeit für das ganze Land geleistet. Sie führte bereits damals den heute noch gebräuchlichen deutschen Oberbau ein, nämlich „breitbasige Schienen mit Weglassung aller Langschwellen, die unmittelbar auf die in Abständen von 2½ bis 2¾ Fuß (0,71—0,76 m) auf ein fortlaufendes Kiesbett gelegten Querschwellen zu befestigen, zur Herstellung einer ganz richtigen und festen Lage aber noch walzeiserne Verbindungsplatten da anzubringen, wo zwei Schienen zusammenstoßen." Allerdings lagen die Kosten dieses Systems mehr als doppelt so hoch, als ursprünglich veranschlagt. Leider wird dieser deutsche Beitrag für die Entwicklung des Gleisbaus viel zu wenig gewürdigt. Er hat sich bis zum heutigen Tage bestens bewährt und nicht zuletzt zu der von der ganzen Welt anerkannten großen Sicherheit der deutschen Bahnen beigetragen.
Im Laufe der Jahre mußten die Schienenprofile laufend verstärkt werden. Hier ergab sich eine Wechselwirkung zwischen Schiene und Lokomotivgewicht, die einander gegenseitig in die Höhe schraubten.

Die ursprünglich verwendeten Kiefernschwellen unterlagen rasch der Fäulnis. Man ging zu Eichenschwellen über, die seit Mitte der vierziger Jahre zunächst durch Kochen, dann durch Eintauchen in eine Lösung von Kupfervitriol und Zinkchlorid imprägniert wurden. Erst 1871 fand man jedoch das heute noch gebräuchliche Verfahren.

Die bei den ersten Bahnen verwendeten Schleppweichen wurden bald durch die heute üblichen Zungenweichen ersetzt. Es hat auch eine Weile gedauert, bis die Weichenböcke Signale erhielten, die dem Lokführer von weitem die Stellung der Weiche anzeigten.

Das Signalwesen gilt noch immer als wichtigstes Problem des Eisenbahnbetriebes überhaupt. „Schon die ersten Erfahrungen und Ereignisse im Eisenbahnbetriebe lehrten, daß der in rascher Bewegung befindliche Eisenbahnzug eine wandelnde Gefahr sei und daß diejenigen Vorkehrungen hier nicht zureichten, die man für die Sicherung anderer Fahrbetriebe geschaffen." (Ulbricht). Auch hier entstand von Anfang an ein deutscher Weg. Noch vor Eröffnung der Leipzig-Dresdener Eisenbahn ließ deren Verwaltung im Jahre 1838 das erste Signalbuch drucken, das es in Deutschland gegeben hat. Es wies 24 einzelne Signalformen auf, die sämtlich ohne Ausnahme neu erfunden wurden. Alle Signale wurden mit Ausnahme der Pfeifsignale am Tage durch kleine Fähnchen, nachts mit bunten Laternen gegeben. Mit der Zunahme des Verkehrs ergaben sich höhere Anforderungen. Man griff zu akustischen Signalen und rüstete die an den Bahnstrecken in kurzen Abständen postierten Wärter mit Signalhörnern aus (noch heute können wir auf den alten Bahnstrecken die einzelnen Wärterhäuschen mit ihren kurzen Abständen antreffen). Das erwies sich bei stürmischem Wetter als unzulänglich. Weitere Versuche mit kostspieligen Klingelzügen scheiterten an deren Unbeweglichkeit. Im Jahre 1840 entschloß man sich daher zur Aufstellung von optischen Signalen, die von Wärter zu Wärter sichtbar, die Erteilung durchlaufender Befehle vermitteln sollten. Die ersten Signale wurden mittels hochziehbarer Ballons gegeben. Bei der Leipzig-Dresdener Bahn bedeutete beispielsweise der auf höchste Höhe aufgezogene Ballon „Der Zug kommt", Ballon auf halber Höhe „Langsam fahren", während ein fortwährend auf und nieder bewegter Ballon „Halt" bedeutete. Auch dieses Verfahren zeigte gewisse Tücken, so daß man zu verschieden geformten Brettern und Tafeln überging. Die Verwendung des zwischen Berlin und Coblenz eingerichteten optischen Telegrafen erwies sich nicht als zweckmäßig und wurde wieder aufgegeben. So kam endlich im Jahre 1842 das noch heute übliche Formsignal mit zwei Flügeln erstmals zur Anwendung, bei welchem des Nachts ein oder zwei Laternen aufgezogen wurden und das sich über hundert Jahre bestens bewährt hat. Viel Ärger brachte allerdings noch die Farbe der Lichter mit sich. Ursprünglich wurde „Freie Fahrt" durch weißes Licht dargestellt. Das führte zu vielen Mißverständnissen und Unfällen. „Das verfluchte weiße Licht!" hieß es unter den Lokführern. Es hat sehr lange gedauert, bis sich alle Bahnen auf grün und rot als Farben für Fahrt und Halt geeinigt hatten. 1875 wurde eine einheitliche Signalordnung erlassen.

Im Jahre 1844 führte die Taunusbahn als erste in Deutschland den von Fardelly in Mannheim erfundenen elektromagnetischen Telegrafen ein, nachdem die Rheinische Eisenbahn ein Jahr zuvor einen elektrischen Zugtelegrafen erprobt hatte. Aus dem 1867 auf dem gefährlichen Streckenabschnitt Herlasgrün — Göltschtalbrücke im Vogtland eingeführten Distanzsignal hat sich unser heutiges Blocksystem entwickelt.

Zur Sicherheit der Züge gehören die Bremsvorrichtungen. Das Problem lag darin, rechtzeitig und zu gleicher Zeit die Bremsen der Wagen anlegen zu lassen. Die Leipzig-Dresdener Bahn führte die Tenderwache ein, wobei ein im Lokomotivtender aufgestellter Mann den Zug beobachtete. Aus dieser Einrichtung ging die Zugleine hervor, die über die Dächer des ganzen Zuges lief und dem Zugpersonal ermöglichte, durch ihr Anziehen — dieses wirkte auf die Dampfpfeife — dem Lokführer Signale zu geben. Später wurde die Zugleine von der Dachmitte an die rechte Seite des Zuges verlegt. Das ermöglichte auch den Fahrgästen, dem Lokführer ein Haltesignal im Falle von Gefahr zu geben, ein früher Vorläufer unserer Notbremse. Jahrzehntelang galten jedenfalls die Pfeifsignale des Lokführers als Befehl für das Andrehen der Spindelbremsen an den Wagen durch die Schaffner, Conducteure oder einfach Bremser. Der Leser wird sich die Unzulänglichkeit dieser Betriebsweise vorstellen können. Die gesamte Eisenbahnwelt machte sich daher bald die von Westinghouse 1869 erfundene Druckluftbremse zu eigen, teilweise in den Bauarten Schleifer und Carpenter, die 1893 von Knorr vervollkommnet wurden. Auf Schmalspurbahnen war seit 1880 die Heberlein-Seilbremse in Betrieb.

1844 führte Preußen die Zugbeleuchtung ein, seit 1848 gab es auf den Bahnhöfen Gaslicht. Aber erst 1871 erhielten die Wagen eine Ölgasbeleuchtung. Der erste Schnellzug verkehrte im Jahre 1851 auf der Strecke Berlin — Cöln, für die er allerdings noch 16 Stunden brauchte. Ab 1857 wurde das bis dahin an den Landesgrenzen notwendige lästige Umsteigen durch die Einführung durchlaufender Wagen ersetzt.

Schließlich sollten wir eine der wichtigsten technischen Neuerungen nicht vergessen, mit der sich die junge Deutsche Reichsbahn im Jahre 1928 auf dem Gebiet der Zugsicherung an die Spitze der europäischen Eisenbahnnationen und wohl der ganzen Welt stellte: Die Induktive Zugsicherung, bei welcher über Gleismagneten der Zug automatisch gebremst werden kann, wenn der Lokführer ein Haltesignal überfahren haben sollte. Die Einrichtung hat sich bis zum heutigen Tage hervorragend bewährt.

Es würde zu weit führen, wollten wir an dieser Stelle abermals auf die Entwicklung der Lokomotiven und Wagen eingehen. Hier ist bereits so viel geschrieben worden, der Verfasser hat sich bei früherer Gelegenheit ausführlich darüber ausgelassen, so daß der Leser verzeihen möge, wenn wir dieses Kapitel übergehen.

Das Eisenbahn-Jahrhundert in seiner wirtschaftlichen und kulturellen Bedeutung

Über die kaum abschätzbaren und kaum zu übertreibenden Auswirkungen des Eisenbahn-Jahrhunderts auf das gesamte wirtschaftliche und kulturelle Leben im 19. und 20. Jahrhundert sind sich alle Historiker einig. Ulbricht hat in seiner sehr sachlichen Art die Vorgänge treffend geschildert:

Die früheren engeren Grenzen der nothwendigen, nützlichen und angenehmen Bedürfnisse sind durch die großen Culturträger, die Eisenbahnen, wesentlich erweitert worden. Mit der zunehmenden Bedeutung der Eisenbahnen vermehrten sich daher nicht nur die Bedürfnisse der Menschen, sondern durch die verstärkte und in ihrem Werthe gesteigerte Productivkraft auch die Mittel zur Befriedigung der höheren Ansprüche der wachsenden Cultur. Mit der immer leichteren Zufuhr von Rohstoffen verminderten sich die Productionskosten, neue Güter und Werthe entstanden und vermehrten das Volksvermögen. Die zunehmende Dichtigkeit der Bahnnetze wirkte mehr und mehr ausgleichend auf die Kosten der Gütererzeugung und beide wichtigen Einflüsse beförderten eine ausgebreitetere und gleichmäßigere Vertheilung der Güter zur Erhöhung des Lebensgenusses.

Und Treitschke führt aus: „Ungeheuer war der Umschwung. Die Eisenverzehrung des Zollvereins stieg in den Jahren 1834 bis 1841 von 10,6 auf 18,1 Pfund für den Kopf der Bevölkerung, an Schienen, Roh-, Stab- und Schmiedeeisen wurden im Jahre 1834 erst 367 000 Zentner eingeführt, 1840 schon 1203 Millionen, denn leider mußte man die Schienen noch aus dem Auslande beziehen".
Das alles verlief nicht ohne Störungen. Bereits in den ersten Jahren des aufkommenden neuen Verkehrsmittels gab es schärfsten Widerstand aus dem Fuhrgewerbe, das in der Eisenbahn eine lebensbedrohende Konkurrenz erkannte. Sie ist es tatsächlich geworden, ein ganzer Gewerbezweig fiel dem technischen Fortschritt zum Opfer. Wo früher der Planwagen über die Chaussee rumpelte, Meile um Meile zurücklegte, und der Fuhrmann zu den geachteten Berufen des Landes gehörte, da ratterte jetzt der Dampfwagen über die Schienen und brachte die Güter im Bruchteil der früher benötigten Zeit an den Verbraucher. Für die Postbeförderung ergaben sich neue Möglichkeiten, besonders nach Gründung der Norddeutschen Bundespost 1866. Neue Berufszweige entstanden, darunter der des Eisenbahners. Gewiß konnten viele ehemalige Fuhrleute hier Anstellung finden. Mit ihnen zugleich drängte aber die Landjugend zur Eisenbahn. So stand den Bahngesellschaften ein großes Menschenreservoir zur Verfügung, sie konnten es sich leisten, wählerisch zu sein. Wer sich irgend etwas zu schulden kommen ließ, bekam den Abschied. Die Existenzangst schlich sich als Folge des Industriezeitalters in die Familien ein und hat sie bis heute nicht mehr verlassen. Es war eine Existenzangst besonderer Art. Während es in früheren Jahrhunderten noch der Kraft des einzelnen anheim gegeben war, sich die tägliche Nahrung durch

eigenen Anbau zu schaffen, fühlte er sich jetzt dem Unternehmer ausgeliefert, der als allmächtiger Herr und Gebieter über seine Arbeiter residierte. Es entstand eine moderne Form von Leibeigenschaft. Gewiß ging es in vielen jener ersten Fabrikgründungen noch patriarchalisch zu, besonders in den Fällen, wo sich biedere Handwerksmeister zu Fabrikbesitzern hochgearbeitet hatten. Dort bildete die Belegschaft meist eine große Familie, und von Borsig ist bekannt, daß bei Nachtschichten, die infolge eiliger Aufträge notwendig wurden, die Chefin, Louise Borsig, Kaffee kochte und „Schrippen" unter die Arbeiter verteilte. Bereits in der zweiten und dritten Generation der Unternehmer, als die Söhne und Enkel nichts mehr von den schweren Anfängen wußten, oder als anonyme Aktionäre das Heft in die Hand nahmen und die Höhe der Dividende der alleinige Maßstab der Produktivität war, fand der Klassenkampf, besser der Kampf der Ausgebeuteten gegen die Unternehmer, Eingang. In England lagen die Verhältnisse womöglich noch schlimmer als auf dem Kontinent, nicht umsonst traf Karl Marx dort den besten Nährboden für seine Theorien. Die sich entwickelnden sozialen Mißstände sind Ursache, daß das Eisenbahn-Jahrhundert und mit ihm das Industrie-Zeitalter bis heute einen üblen Beigeschmack behalten hat. Wie es in den Unternehmen damals aussah, möge ein Auszug aus der vorzüglichen Dokumentation zum hundertjährigen Bestehen der Hoesch AG zeigen. Eine Enquete-Kommission hatte sich im Jahre 1878 über die Lage der Arbeiter im Ruhrgebiet informiert und den Unternehmer Leopold Hoesch als Sachverständigen befragt. Hier die Unterhaltung:

Frage: Leidet die dortige Bevölkerung Mangel an Arbeit oder fällt es Ihnen umgekehrt schwer, die nötigen Arbeitskräfte zu erhalten?

Herr Hoesch: Nein, wir haben keine Last, Arbeitskräfte zu beschaffen, umso weniger, als in den letzten Jahren Mangel an Arbeit gewesen ist.

Frage: Wie haben sich die Löhne seit 1869 bei Ihnen entwickelt?

Herr Hoesch: Der ungefähre Durchschnitt pro Kopf (und Tag) war im Jahre 1872: 4 M, 1873: 4M 10 Pf, 1874: 4 M, 1875: 3 M 92 Pf, 1876: 3 M 44 Pf, 1877: 2 M 99 Pf, 1878: nur 2 M 68 Pf.

Frage: Welche Vorteile und Nachteile haben bisher Lohnerhöhungen auf die Arbeitsleistung sowie auf die Moralität der Arbeiter gehabt?

Herr Hoesch: Die hohen Löhne sind ein Unglück gewesen. Der hohe Lohn von den Jahren 1873 und 1874 ist niemals der Familie zugute gekommen, nur dem Wirtshause. Die wahnsinnig hohen Löhne brachten eine große Demoralisierung unter die Arbeiter. Bei uns war, wie gesagt, der Durchschnitt 4 M 10 Pf. Diese hohen Löhne dienten der Verzehrungs- und Zerstreuungssucht der Arbeiter und im Grunde genommen nur dem Wirtshause.

Frage: Haben Strikes oder sozialdemokratische Agitationen Einfluß auf die Arbeitsverhältnisse ihrer Gegend ausgeübt?

Herr Hoesch: Wir haben einen Strike gehabt im Jahre 1874 und haben die Strikenden entlassen. Sozialdemokratische Bestrebungen haben so recht kein Fundament bei uns gefunden. Mit großer Freude aber haben wir doch das Sozialistengesetz begrüßt. Agitatoren gibt es überall. Der Arbeiter denkt nirgends selbständig, er ist aber immer das blinde Werkzeug in der Hand geschickter Agitatoren.

So viel über die oft zitierte gute alte Zeit. Auch der neue Beruf des Eisenbahners war nicht auf Rosen gebettet. Die Staatsbahnen machten hier kaum Ausnahmen von den Privatbahnen. Zwar bildeten sich sogenannte Laufbahnen, denn der Betrieb forderte mehr und mehr Spezialpersonal, Maschinisten, Feuermänner, Condukteure, Signalwärter, Bahnmeister usw. Aber die Anforderungen standen in umgekehrtem Verhältnis zur Bezahlung. Treue zum Beruf hat der Staat immer schlecht honoriert. 1899 gab die Königliche Eisenbahn-Direction Frankfurt a. M. ein Decret an ihre Beschäftigten heraus, in welchem es heißt:

„Es ist dringende Pflicht jedes gewissenhaften Mannes, seine Ausgaben dergestalt zu beschränken, daß sie durch zu erwartende Diensteinkünfte gedeckt werden. Das Überschreiten der Grenzen des Einkommens bekundet eine Unbesonnenheit oder Leichtfertigkeit, bei welcher dem Beamten, der sich ihrer schuldig macht, nicht mehr das Vertrauen zur Seite stehen kann, daß er seine Dienstverpflichtungen ordnungsgemäß und gewissenhaft erfüllen, insonderheit auch den Versuchungen widerstehen werde, welche eine zerrüttete ökonomische Lage immer mit sich bringt. . . . Da indeß hin und wieder dennoch Beamte ihres Standpunktes gänzlich vergessen, und sich hinter ein Privilegium verstecken, das sie nicht zu schätzen wissen, und dadurch das ganze Beamten-Corps in Mißkredit bringen, so wird die Königliche Eisenbahn-Direction Demjenigen, welcher leichtfertig Schulden macht und namentlich zu einem, sein zweimonatliches Einkommen überragenden Betrage kontrahirt, als ungeeignet zum Eisenbahndienst sein Dienst-Verhältnis kündigen. Diejenigen aber, die ihrer Dienststellung nach Aussicht haben, dereinst definitiv im Staats-Eisenbahndienst angestellt zu werden, können nur dann dazu gelangen, wenn neben den sonstigen Erfordernissen ihre ökonomischen Verhältnisse sich in bester Ordnung befinden."

Also Schulden haben die armen Teufel auch noch gemacht! Dabei war es doch eine Ehre für einen königlichen Beamten, Hunger zu leiden! Noch zur Jugendzeit des Verfassers galten die „Bahner" und die „Postler" als die ärmsten unter den Staatsdienern. Es gab das geflügelte Wort: Die Bahn und die Post geht dahin, wo's nichts kost't! Gerade deshalb erfüllt es uns immer wieder mit Bewunderung — besonders unter dem Blickpunkt der heutigen Arbeitsmoral — mit welcher Einsatzfreudigkeit die Männer ihren zum Teil schweren Dienst bei Wind und Wetter ausgeführt haben. Im übrigen war die gesellschaftliche Struktur des vorigen Jahrhunderts doch recht weit vom heutigen Ideal entfernt. Die Klassengesellschaft galt als Fundament des Staates, dem sie jedoch nicht den Inhalt zu geben vermochte, wie ihn das Industriezeitalter erforderte. Philipp Eulenburg, der Vertraute Kaiser Wilhelms II., hat die ganze Misere jener Ära treffend charakterisiert:

„Die Kasten des Heeres und der Beamtenschaft, zu denen auch der Adel gehört, teilten die Bevölkerung in ‚satisfaktionsfähige' und ‚nicht satisfaktionsfähige'

Menschen. Das höhnische Lächeln des blödesten, aber ‚satisfaktionsfähigen‘ Dummkopfes würde den genialsten, freidenkendsten Preußen abhalten, einen Schritt abseits von dem scharf begrenzten satisfaktionsfähigen Wege zu tun." — Das Eisenbahnwesen war nicht frei von jenem Kastengeist. Die Bahnhofsvorsteher und hohen Bahnbeamten marschierten bei besonderen Anlässen in Galauniform mit „Admiralshut", Epauletten und dem Degen an der Seite einher, sie stellten Persönlichkeiten dar. Es ist noch nicht lange her, da bildeten der Doktor, der Apotheker, der Herr Rektor und der Herr Bahnhofsvorsteher die Hautevolee in der Kleinstadt. Der Unterschied zu den unteren Chargen war entsprechend ausgeprägt. Die einfachen Weichenschmierer mußten mit einem blauen Kittel auskommen, und für die Lokmannschaft hat es lange kein Führerhaus gegeben. Das verweichliche nur, so argumentierte die Verwaltung. Und in diesem Durchhalteparagraphen waren sich wiederum Staat und Private einig. Von den Bremsern, bei Personenzügen Schaffner oder Conducteure genannt, bei Güterzügen die Ärmsten der Armen, sprach niemand. Der Zugführer und Schriftsteller Heinrich Eggersglüß hat uns eine Schilderung von jenem „verlorenen Haufen" hinterlassen, die wir dem Leser nicht vorenthalten wollen.

Habt Ihr schon gehört, daß man hundert Kilometer zu Fuß zurücklegen kann? Hundert Kilometer in einer Nacht, bei zwanzig Grad Kälte? — Wir können es, wir machen diese Fußwanderung im Bremserhaus. Wenn ihr uns sehen würdet, ihr würdet euch abwenden, ihr würdet entsetzt sein. Wir sind keine Menschen mehr, wir sind Eisbären, vermummte und vereiste Gestalten, die vom Nordpol kommen. Ihr lacht, ihr habt keine Vorstellung von zwanzig Grad Kälte? — Jawohl, bei der Arbeit, bei freier Bewegung oder auf der Landstraße. Aber nicht im Bremserhaus, in voller Fahrt, wo die frosterstarrten Türen nicht schließen, wo der Ost durch alle Fugen pfeift, wo der feine, glitzernde Schnee über die Dächer rieselt und uns dauernd umkreist. Wo wir immer eine Tür in der Hand haben, um die Signale zu sehen. Wo wir uns nicht rühren, kaum auf einer Stelle umdrehen können. Zwanzig Grad Kälte, in voller Fahrt, und dann aushalten, die ganze Nacht, zehn, zwölf, vierzehn Stunden. Der Atem friert zu Eis, die Eiszapfen hängen in Bart und Haar, sie frieren in den Pelz hinein. Der Kopf wird unbeweglich, das Blut erstarrt. Der Körper ist eingeengt, aber die Füße wollen arbeiten, müssen arbeiten. Sie schreien nach der Landstraße, nach einem Weg, neben den Schienen. Da wird getrippelt, gehämmert und geklopft, im Gleichschritt und im Wechselschritt, in allen Gangarten. Die Füße kommen nicht zur Ruhe, sie haben die Nachtwache, die halten den Geist rege, sie schützen den Körper vor dem Erstarren. Sie legen hundert Kilometer zurück, hundert Kilometer in einer Nacht, bei zwanzig Grad Kälte. Denkt daran, wenn ihr einmal vermummte Gestalten seht, Eisbären, die vom Nordpol kommen, die sich müde nach Hause schleppen, bei zwanzig Grad Kälte.

Sie wies also mancherlei Schattenseiten auf, die gute alte Zeit. Wenn wir von ihr sprechen, dann ist wohl mit einiger Berechtigung das erste Jahrzehnt unseres Jahrhunderts gemeint. Das war die Zeit der wirtschaftlichen Blüte, des Wohlstandes, die eigentliche „Kaiserzeit". In jenen Jahren gab es tatsächlich Parallelen zu unserem Wirtschaftswunder der letzten beiden Jahrzehnte. Doch der Erste Weltkrieg setzte allem Hoffen ein bitteres Ende.

Der neue Berufsstand des Eisenbahners benötigte Unterkünfte, der Dienst verlangte, daß das Personal in unmittelbarer Nähe des Bahnhofes wohnte. So entstand das, was wir aus der Neuen Welt als Eisenbahnerstädte kennen, die es in bescheidenerem Umfang als Siedlungen auch in Deutschland gegeben hat. Wir können sie heute nicht mehr ohne weiteres als solche erkennen. Dazu hat die wirtschaftliche Entwicklung der letzten Jahrzehnte allzu tiefgreifende strukturelle Änderungen hervorgebracht. Dennoch bleibt es Tatsache, daß beispielsweise Oberhausen, Wanne, Schneidemühl, Heydebreck, Kohlfurt, Sagan, Falkenberg, Bebra, Treuchtlingen, Bingerbrück, Lehrte, Altenbeken und wie sie alle heißen — Eisenbahnerstädte sind. Anderwärts, besonders in den Großstädten, die von zahlreichen Eisenbahnlinien berührt wurden, gab es regelrechte Eisenbahnerviertel, Straßenzüge in der Nähe des Bahnhofes, die vorwiegend von Eisenbahnern bewohnt wurden.

Die Eisenbahnerstädte wuchsen mit dem Fortschritt und der Bedeutung der sie berührenden Bahnlinien. Das markanteste Beispiel dürfte Bebra sein, ein kleines Bauerndorf, das erstmals 1848 mit dem Bau der Kurfürst Friedrich Wilhelms-Nordbahn an die Zivilisation angeschlossen wurde, dann Drehscheibe zwischen der von Gerstungen aus herführenden Thüringer- und der Bebra-Hanauer Bahn wurde.

Daß Oberhausen, eine Stadt von einer Viertelmillion Einwohner, ein Kind der Eisenbahn ist, wird heute kaum noch bekannt sein. Seine Entstehungsgeschichte mag gleichzeitig für die anderen Orte symptomatisch sein. Levin Schücking, der Busenfreund der Dichterin Annette von Droste-Hülshoff (1797—1848), hat uns seine Eindrücke anläßlich einer Reise im Jahre 1855 geschildert:

Die Eisenbahn aber führt uns weiter nach Oberhausen, mitten in eine Landschaft, welche eine Staffage von nordamerikanischem Gepräge hat: Wir befinden uns in ödester Sandgegend, die kaum dürftigen Fichtenschlag ernährt, in einer wahren Urhaide, und mitten in ihr erblicken wir die Schöpfung des modernsten Culturlebens, eben aus dem Boden gestiegene Stationsgebäude, Häuser, Hotels, Fabriketablissements, und ehe viel Zeit verfließt, wird mit amerikanischer Schnelligkeit eine Stadt aus diesen Sandhügeln aufwachsen, das verbürgt der Knoten der Bahnlinien, der sich hier schürzt.

Der Oberhausener Lokalhistoriker Wilhelm Wolf beschreibt die Lage im einzelnen:

Einsam und verlassen lag 1847 der Lipperheider Bahnhof, wie er anfangs genannt wurde, inmitten von lockeren Kiefern- und Birkenbeständen und ließ nichts von seiner kommenden Bedeutung ahnen. Ein einfaches Stationsgebäude aus Fachwerk mit zwei Räumen und ein hölzerner, provisorischer Maschinenschuppen für drei Lokomotiven, das war sein Anfang. Hier wirkte als Stationsvorsteher Inspektor Götzen, der jahrelang Fahrkartenausgeber, Güterexpedient, Fahrdienstleiter und Wirt in einer Person war. Er hat den Ruhm, der erste Eisenbahner Oberhausens gewesen zu sein. Die Wirtsstube des Stationsgebäudes war jahrelang der Treffpunkt der Honoratioren der Umgebung. So entstand hier der Urstammtisch Oberhausens, an dem 1852 die Gesellschaft „Heideblümchen" gegründet wurde.

So einfach die Bahnhofsanlage begann, so schnell war ihre Erweiterung notwendig, besonders nach der Inbetriebnahme der Hollandlinie. Nach anderthalb Jahrzehnten, als die Gemeinde Oberhausen aus der Taufe gehoben wurde, war der Ort nicht wieder zu erkennen. An der Bahnhofstraße hatte man 1859 ein neues Empfangsgebäude errichtet, in seltener Pracht für die damalige Zeit. Reichhaltige Betriebseinrichtungen waren auf dem Bahnhofsgelände entstanden: 2 Lokschuppen, 1 Magazin, 1 Werkstätte, 1 Schmiede, dazu 2 Arbeiterwohnhäuser an der Bahnhofstraße. Anschlußbahnen verbanden die größeren Werke und Zechen mit dem Bahnhof. 1858 errichtete die Post an der Bahnhofstraße ein Postamt.

Von weit und breit, besonders vor Eröffnung der Weseler Bahn, kam man zu Wagen oder Pferd nach hier, um die Bahn zu benutzen. Hier war der gern gesuchte Treffpunkt zu Tagungen und Verhandlungen. Von dem ehemaligen Beigeordneten Johann Uhlenbruck wird glaubhaft versichert, daß auch der Kanonenkönig Alfred Krupp hier sein Reitpferd einstellte, wenn er von Oberhausen aus nach Berlin fuhr, solange Essen noch keinen Bahnhof hatte.

Genauso verhielt es sich mit Wanne, dem heutigen Wanne-Eickel, einem Ort, der gar nicht existierte, sondern seinen Namen von einer mittelalterlichen Thingstätte „in der Wande" herleitet. Heydebreck, das ehemalige Kandrzin, war ein kleiner halb polnischer Weiler mit ein paar Kossäten, bis es zu einem der größten deutschen Bahnhöfe aufrückte. Auch Mühlacker gab es einst nicht. Sehen wir einmal von der Wunderlichkeit der Kraichgaulinie ab, so ist Tatsache, daß in der Gemarkung Dürrmenz ein Bahnhof auf freiem Feld, auf „dem Mühlacker" errichtet wurde, der heute sogar den Namen der Ursprungsgemeinde verdrängt hat. Oder Schneidemühl, jene Eisenbahnerstadt des Ostens, die vor dem Bau der preußischen Ostbahn nur eben aus ein paar Schneidemühlen mit ihren Holzarbeitern bestand. So hat das Eisenbahn-Jahrhundert auch unsere Landkarte verändert und schöpferisch in die Geographie eingegriffen.

Wir erwähnten, daß auch bestehende alte Gemeinwesen in den Sog des Eisenbahn-Jahrhunderts gerieten, so das über tausendjährige Halle, einst Hansestadt, heute größter Bahnhofskomplex der DDR. Die immer wieder zitierte Mär, Halle verdanke seine Eisenbahnbedeutung der Tatsache, daß Preußen das sächsische

Ausland habe umgehen wollen, zeugt von der Ahnungslosigkeit ihrer Erzähler, die offenbar nie einen Blick auf eine Landkarte geworfen haben. Die Bevorzugung Halles rührte zudem aus den denkbar schlechten Leipziger Bahnhofsverhältnissen her, die erst 1915 nach Eröffnung des neuen Hauptbahnhofes einen Wandel erfuhren. Bis dahin gab es in Leipzig sechs Einzelbahnhöfe, die noch dazu so unglücklich lagen, daß sich überhaupt kein zügiger Durchgangsverkehr abwickeln ließ. Ähnlich lagen die Dinge in Hamburg, das 1906 seinen Zentralbahnhof als Ersatz für die alten Gesellschaftsbahnhöfe erhielt. Sehr hat Königsberg unter solchen Widrigkeiten gelitten, bis 1929 der neue Hauptbahnhof eröffnet wurde. Braunschweig mußte sich das ganze Eisenbahn-Jahrhundert über mit seinem Kopfbahnhof aus den Zeiten der Braunschweigischen Staatsbahn begnügen, bis es vor kaum einem Jahrzehnt seinen modernen Durchgangsbahnhof erhielt. Ganz unglücklich liegen heute noch die Verhältnisse im Raume Mannheim-Heidelberg, wo die Mißgeburt Friedrichsfeld jede vernünftige Verkehrsplanung zunichte macht. So weist das Eisenbahn-Jahrhundert auch manche Irrtümer auf, aber — und darauf sollten wir unser Augenmerk richten — diejenigen, die seinerzeit für diese oder jene Fehlplanung verantwortlich waren, konnten nicht wissen, wie sich die Entwicklung gestalten würde. Im übrigen genügt ein Blick in die Gegenwart mit ihren Schlagworten Gebietsreform, Bildungsreform, Umweltschutz usw. um festzustellen, daß wir so viel gescheiter gar nicht geworden sind. Die Geschichte wird richten, wer wohl die größeren Torheiten vollbracht hat, wir oder unsere Vorväter.

Der Einfluß des Eisenbahn-Jahrhunderts auf die Mitmenschen war auch äußerlich tiefgreifend und umwälzend. War die mittelalterliche Stadt nach dem Markt orientiert, der meist im Zentrum lag, so erfolgte jetzt die Blickrichtung nach den Anlieferungsmöglichkeiten der Eisenbahn, in erster Linie nach dem Bahnhof. Markthallen mit Gleisanschluß entstanden, an die Hauptstränge schloß sich ein wahres Netz von Anschlußgleisen, Industriebahnen, Hafenbahnen und dergleichen an. Denn die Güter sollten möglichst direkt den Verbraucher erreichen. Wie stark sich dabei die Lebensbedingungen des einzelnen verbesserten, vermögen wir nicht immer zu übersehen. Ein Beispiel soll den Wandel verdeutlichen.

Der Bergbau steht und fällt mit dem Abtransport seines Fördergutes. Bleiben wir bei der wichtigen Steinkohle, die jetzt mit Hilfe der Eisenbahn sowohl der Industrie (zum Betrieb ihrer Dampfmaschinen) als auch dem privaten Verbraucher direkt zugeführt werden konnte (die noch billigere Schiffahrt blieb auf die Wasserwege beschränkt). Was bis dahin als Kostbarkeit galt, ein Stück Kohle nämlich, lieferte nun der Händler in jeder gewünschten Menge und zu billigem Preis frei Haus. Damit änderten sich die Heizgewohnheiten. An die Stelle des Klafterholzes, das man im Hofe stapelte und mit dem man sparsam umgehen mußte, trat die Kohle, die wohlige Wärme spendete. Die Ofenindustrie entwickelte sich und ersann neue Formen, der Kachelofen feierte Triumphe, die Warmwasserheizung entstand, die Zentralheizung, die erst infolge der billigen Kohlenanfuhr rentabel betrieben werden konnte. Im weiteren Verlauf der Ent-

44

wicklung kamen in den zwanziger Jahren dieses Jahrhunderts die ersten Fernheizwerke auf, die die Kohle gleich waggonweise bezogen. Ein anderes Beispiel: Baumaterial ließ sich jetzt in beliebigen Mengen anliefern. Eine riesenhafte Bautätigkeit setzte ein. Kurz vor der Jahrhundertwende platzten unsere Städte bereits aus den Nähten. Noch wichtiger war der Lebensmitteltransport. Getreide wurde aus den Erzeugergebieten des Ostens direkt in die Mühlen am Verbrauchsort geliefert. Gab es irgendwo eine Mißernte, sorgte die Bahn für schnelle Anfuhr des Fehlenden aus Überschußgebieten. Der Hunger wurde ein für allemal gebannt, solange nicht der Wahnsinn des Krieges jeden Erfolg zunichte machte. Daß die Entwicklung nicht zu rasch verlief, dafür hat die Menschheit in zwei Weltkriegen gesorgt.

Über die Wechselbeziehungen zwischen Bahn und Industrie haben wir im vorigen Kapitel berichtet. Hier kam alsbald ein nationales Moment hinzu, die Befreiung vom englischen Joch, das als sehr drückend empfunden wurde, zumal die Engländer keine Zweifel an ihrer industriellen Vormachtstellung zuließen. Schon 1838 gab es den ersten Versuch, eine Lokomotive in Deutschland zu bauen. Die „Saxonia", von Prof. Andreas Schubert durch die Schiffswerft Übigau gebaut, ist allgemein bekannt. Kufahl, die Gutehoffnungshütte, Dobbs und Poensgen und andere stellten weitere Versuche an, aber erst das Jahr 1841 verhalf dem deutschen Lokomotivbau zum Durchbruch. In diesem Jahr lieferten Borsig in Berlin, Kessler in Esslingen und Maffei in München ihre ersten Lokomotiven ab und legten den Grundstein für die nachmals in der ganzen Welt geschätzte deutsche Lokomotivindustrie.

In gleichem Maße mußte sich der Wagenbau auf das neue Verkehrsmittel umstellen. Waren es zunächst biedere Stellmachermeister, die ein Eisenbahnwägelchen zusammendrechselten, so entstanden aus ihren kleinen Werkstätten bald große Fabrikhallen. Die Stellmacher nannten sich Waggonfabrik und bauten Wagen in Großserien. Schon während der vierziger Jahre des vorigen Jahrhunderts entwickelte sich die Eisenbahn zum größten Auftraggeber der Nation, der nur im Kriege durch das Militär überboten wurde. Es waren ja nicht die Lokomotiven und Wagen, die im Mittelpunkt standen. Nein, vom einfachen Schienennagel bis hin zum bergmännischen Tunneldurchstich, alles mußte erfunden, entwickelt, gebaut werden. Der Kauf von Eisenbahnschienen, anfangs englisches Monopol, hörte 1842 auf, als die Gutehoffnungshütte in Oberhausen ihre erste Walzstraße für Eisenbahnschienen in Betrieb nahm. Eine der bedeutendsten Erfindungen jener Jahre war die Entwicklung des nahtlosen Radreifens durch Krupp im Jahre 1852. Schlagartig konnten die vielen Radreifenbrüche, die dem Betrieb schwer zu schaffen gemacht hatten, durch das neue Verfahren, das den Reifen in glühendem Zustand auf das Rad aufzog, auf ein Minimum zurückgedrängt werden. Durch Verbesserung von Rad und Schiene gewann die Sicherheit des Betriebes ganz wesentlich. Krupp legte mit dieser Erfindung den Grundstein zu seinem Weltunternehmen.

Aber nicht nur Krupp schlug aus den Verhältnissen Kapital, überall an Rhein und Ruhr, in Mitteldeutschland und Oberschlesien, rauchten die Fabrikschlote und surrten die Treibriemen, von ständig mächtiger werdenden Dampfmaschinen in Bewegung gesetzt. Deutschland holte innerhalb von dreißig Jahren eine Entwicklung nach, die in England bereits vor der Jahrhundertwende eingesetzt hatte. Die Eisenbahnstrecken konnten vor den Flüssen nicht haltmachen. Große Brücken entstanden, die wiederum die Brückenbauindustrie auf den Plan riefen. Ein Vergleich der ersten Kölner Rheinbrücke aus den Jahren 1855—57, noch ganz in englischer Manier als eiserne Gitterträgerbrücke errichtet, mit der großen Elbebrücke bei Hämerten aus dem Jahre 1926 zeigt, welch enorme Entwicklung der Industriebau genommen hatte. Daraus profitierte wiederum der Straßenbau, der ja weiterhin betrieben wurde. Hier machte sich die kleine Feldbahn mit ihren eisernen Loren bezahlt.

An den Strecken entstanden zahlreiche Bahnhöfe, der Eisenbahnhochbau machte wiederum beim übrigen Bauhandwerk Schule. Die Bahnhofshallen regten den Bau von Fabrik- und Lagerhallen an in einer sich ständig steigernden Wechselwirkung zwischen Bahn und Industrie. Wir könnten diese Betrachtungen endlos fortsetzen, müssen es aber der Phantasie unserer Leser überlassen, sich die Dinge selbst auszumalen. Es gehört ohnehin nicht viel dazu, sich die Bedeutung des Eisenbahn-Jahrhunderts zu vergegenwärtigen. Und diese Bedeutung steigt fast ins Unermeßliche, denken wir beispielsweise an die Rolle der Bahnen in den USA oder in Rußland, mit deren Hilfe es überhaupt möglich wurde, die Kontinente zu durchqueren. 1869 wurde in den USA bei Promontory Point der berühmte goldene Schienennagel eingetrieben, der die Verbindung zwischen dem Osten und dem Westen des Landes herstellte. Auch hier vergegenwärtigen wir uns das Tempo. 1829 wackelte jene lächerlich primitive Lokomotive, der „Stourbridge Lion" über die einfach in den Dreck verlegten Gleise der Delaware and Hudson-Bahn. 1869 dampften bereits die Züge von New York nach San Francisco. In Rußland wurde 1891 die Transsibirische Bahn begonnen und 1902 vollendet, die zweite hochbedeutende Leistung auf dem Gebiet der Eroberung der Kontinente. Viele solcher Pionierleistungen hat der Verfasser bereits in seinem Buch „Weite Welt des Schienenstrangs" aufgezählt.

Die kulturelle Bedeutung des Eisenbahn-Jahrhunderts stand der wirtschaftlichen nicht nach. In erster Linie zählt hier die Erweiterung des Horizontes des Bürgers. Hinter dem Berg wohnen auch Leute — so rief der Lokomotivenpfiff den Leuten zu, die auf dem Lande oft noch in dumpfer Beschränktheit dahinlebten. Noch geisterten Aberglaube und Hexenwahn in den entlegenen Landstrichen, noch herrschte Inzucht in den Dörfern. Die Gegend hinter dem nächsten Berg galt als Fremde, galt als feindlich. Der Bursche, der sich im Nachbardorf ein Mädchen suchen wollte, wurde mit Gewalt vertrieben. Die Eisenbahn brachte frischen Wind ins Land, öffnete die Grenzen. Fremde kamen von draußen, die von den Wundern der Welt berichteten. Mit der Eisenbahn kam die Zeitung, kamen die Nachrichten, schneller, interessanter als je zuvor. Man begann am Schicksal der Welt teilzunehmen. Der Schienenstrang schuf die Voraussetzung für die große

Bevölkerungsumschichtung der letzten hundert Jahre. Schließlich eröffnete die Bahn ganz neue Möglichkeiten kultureller Betätigung. Sie bot Sonderzüge für Theater- und Konzertbesuche in der Stadt an, sie beförderte die Leute zu Sehenswürdigkeiten oder zwecks Teilnahme an Veranstaltungen — die nun wiederum einen viel größeren Besucherkreis verzeichneten. Mit der Eisenbahn wurde der Grundstein zu dem gelegt, was wir heute Touristik nennen.

Indes, so schnell ging es nicht. Der Dampfwagen, das Feuerroß, erschien den Zeitgenossen zunächst als fremdartig. Wir hörten, wie die ersten Zugfahrten bestaunt und bewundert wurden. Wie man des Sonntags zum Bahnhof marschierte, wo findige Wirtsleute alsbald im Gasthaus zur Eisenbahn kühles Bier ausschenkten. Doch selbst zu verreisen, dazu bestand kein Anlaß. Der bekannte dänische Märchenerzähler Hans Christian Andersen hat in etwa ausgedrückt, wie die damaligen Zeitgenossen die Eisenbahn sahen. Hier ein Ausschnitt aus seinem Buch: „Wem das Glück lacht":

Es war das erste Mal, daß ich eine Eisenbahn sehen sollte. Ich leugne es nicht, ich hatte eine Empfindung, die ich das Eisenbahnfieber nennen möchte, als ich in das großartige Gebäude trat, aus dem die Wagenreihe abfährt. Hier war ein Gedränge von Reisenden, ein Umherlaufen mit Koffern und Nachtsäcken, ein Sausen und Brausen von Maschinen, aus welchen sich Dampf herauswälzte. Man weiß das erste Mal nicht recht, wo man stehen darf, damit nicht ein Wagen oder ein Dampfkessel oder ein Kasten mit Reisegut über einen herfliege; zwar steht man sicher auf einem hervorspringenden Balkon, an dem die Wagen, in die man hinein muß, dicht anliegen, wie Gondeln an einem Kai; allein unten im Hofe kreuzen sich die eisernen Schienen wie Zauberbänder, und es sind auch Zauberbänder, die der menschliche Scharfsinn geschlagen; an diese müssen sich unsere magischen Wagen halten, denn geraten sie außerhalb des Zauberbandes, ja, da gilt es Leben und Glieder.

Ich starre sie an, diese Wagen, diese Lokomotiven, die losen Karren, die wandernden Schornsteine und Gott weiß, was alles hier wie in einer Zauberwelt durcheinanderlief. Alles schien Beine zu haben! Und nun dieser Dampf und dieses Brausen, das Gedränge um einen Platz zu erobern, dieser Talggeruch, der taktmäßige Gang der Maschinen und das Pfeifen und Zischen des ausströmenden Dampfes!

Die Wagenreihe bestand aus drei Abteilungen: die beiden ersten Wagen waren bequem und geschlossen, ganz wie unsere Postkutsche, nur viel breiter; der dritte offen und unglaublich wohlfeil, daß sogar der ärmste Bauer mitfahren kann, da es ihn weniger teuer kommt, als den langen Weg zu gehen und sich im Wirtshause zu stärken oder auf der Reise zu übernachten. — Die Signalpfeife tönt — sie tönt aber nicht schön; sie ist dem Schwanengesang des Schweines ähnlich, wenn ihm das Messer durch die Kehle fährt. Man setzt sich in die gemächliche Kutsche, der Kondukteur macht die Tür hinter uns zu und steckt den Schlüssel zu sich; allein wir können Fenster herunterlassen, können frische Luft genießen, ohne irgendeine Unannehmlichkeit vom Luftdruck zu befürchten. Es ist wie in jedem anderen Wagen, nur weit gemächlicher; man ruht sich hier aus, wenn man kurz zuvor eine angreifende Reise gemacht hat.

Die erste Empfindung ist eine ganz leise Erschütterung der Wagen, nun sind die Ketten gespannt, die dieselben zusammenhalten; die Signalpfeife ertönt wieder und die Fahrt beginnt. Erst langsam, die ersten Schritte geht es sanft, als ob eine Kinderhand einen kleinen Wagen zöge. Die Schnelligkeit nimmt allmählich zu; du aber bist mit deinem Buche beschäftigt, oder du studierst deine Karte, und du weißt noch nicht recht, ob die Fahrt schon angefangen hat, denn die Wagen gleiten wie ein Schlitten auf ebenem Schneefelde. Du siehst zum Fenster hinaus und entdeckst, daß du einherjagst wie mit galoppierenden Pferden; es geht noch schneller, du scheinst zu fliegen. Was war das Rote, was wie ein Blitz an uns vorüberfuhr? Es war einer der Wächter, der mit seiner Fahne dastand. Die gewöhnlich Fahrenden, die man auf den Seitenwegen sieht, scheinen stillzustehen; die Pferde vor den Wagen heben die Füße, scheinen sie aber wieder auf dieselbe Stelle niederzusetzen, und dann sind wir schon vorbei.

Als wir an einem Planwerk, welches ich zu einer Stange verkürzt sah, vorbeifuhren, sagte ein Mann, der neben mir saß: „Jetzt sind wir im Fürstentum Köthen.“ Der Mann nahm alsdann eine Prise, bot mir auch die Dose, ich verbeugte mich, prüfte den Tabak, nieste, und fragte dann: „Wie lange sind wir noch in Köthen?“ — „Oh“, antwortete der Mann, „da waren wir schon heraus, als sie niesten.“ Und doch können die Dampfwagen doppelt so schnell fahren als hier; jeden Augenblick ist man an einer neuen Station, wo Passagiere abgesetzt und andere aufgenommen werden. Hierdurch verzögert sich die Fahrt. Man hält eine Minute an, und durch die offenen Fenster reichen uns Aufwärter Erfrischungen, leichte und solide, wie es uns gefällt; gegen Bezahlung fliegen uns buchstäblich die gebratenen Tauben in den Mund. Dann jagt man weiter, plaudert mit seinem Nachbarn, liest in einem Buch oder schielt nach der Natur hinaus, wo oft eine Schar Kühe sich vor Bestürzung rundum dreht. Welche Großtat des Geistes ist doch diese Erfindung! Ich erinnere mich, daß ich nur selten in meinem Leben so wie hier ergriffen war, so mit meinen ganzen Gedanken gleichsam Gott von Angesicht zu Angesicht geschaut habe. —

Zu den vielen Erstaunlichkeiten des Eisenbahn-Jahrhunderts gehört immer wieder die große Begeisterung, sobald die Sache neu war — und das geringe Echo, das das Verkehrswesen in der Öffentlichkeit fand, sobald der Reiz des Neuen verschwunden war. Es wäre vermessen, wollte man von einer besonderen Zuneigung des Menschen zur Eisenbahn sprechen. So, wie sie Hans Christian Andersen zunächst fremd anmutete, so ist sie im Grunde jedem von uns fremd geblieben, viel fremder jedenfalls als das Auto. Wir erwähnten die große Distanz, die zwischen Mensch und Bahn bestand. Während das Auto sozusagen neben der Haustür steht, erfordert eine Bahnreise umständliche Vorbereitungen und Anmarschwege, die letzten Endes Ursache für die Bevorzugung des Individualfahrzeuges geworden sind. Wir haben uns den Spaß gemacht, einige Jahrgänge bekannter Familienzeitschriften der neunziger Jahre durchzusehen, die „Gartenlaube", „Frohe Stunden", „Daheim", mit dem geradezu verblüffenden Ergebnis, daß nichts, aber auch rein gar nichts über die Eisenbahn darinstand. Das Gegenteil sollte man doch erwarten! Das harte Los der Auswanderer wurde geschildert, medizinische Fortschritte aufgezählt, über Entdeckungen und einen Vulkanausbruch in der Südsee berichtet, die Indianer oder die Goldgräber beschrieben, aber über die Eisenbahn — nichts. Es scheint, als wäre die Technik immer noch auf einen kleinen Kreis Auserwählter beschränkt gewesen. Auf der anderen Seite zeigte man sich wieder unzufrieden mit dem Vorhandenen und wollte es besser haben. So lesen wir im Jahrbuch der Erfindungen von 1905:

In unserer anspruchsvollen Zeit werden Eisenbahnfahrten, gleichviel ob von kurzer oder langer Dauer, ebensowenig wie die Reisen unserer Großeltern mit den berühmten Postkutschen zu den besonderen Annehmlichkeiten oder gar zu den Vergnügungen des Lebens gerechnet. Und mit Recht — denn die Einrichtungen der Eisenbahnzüge lassen allgemein noch sehr viel an Bequemlichkeit zu wünschen übrig. Die große Masse der Eisenbahnfahrzeuge besteht noch aus jenen veralteten kurzen Coupéwagen, in deren engen Abteilen sich die reisende Menschheit seufzend zusammenquetscht. Gewiß stellen die sogenannten Harmonikazüge mit ihren bekannten Durchgangswagen einen rühmlichen Fortschritt dar, aber diese Züge sind doch nur Ausnahmen, sie befahren nur wenige Hauptlinien und können daher nur von dem kleineren Teil des reisenden Publikums benützt werden.
Doch auch in dieser Beziehung wird es mit der Zeit besser werden. Unsere Kinder und Enkel werden bequemer und auch schneller fahren als wir. Wenn erst die rauchspeiende Dampflokomotive verschwunden ist und ein Netz elektrischer Schnellbahnen die Länder Europas überspannt, wenn auf diesen Bahnen die mit allem nur wünschenswerten Komfort ausgestatteten elektrischen Züge mit der dreifachen Geschwindigkeit unserer heutigen Schnellzüge über die Schienen fliegen, dann wird auch das Reisen ein Vergnügen sein. Oder auch nicht? — Der Mensch ist ja nie zufrieden; wer weiß, welche Wünsche dann noch laut werden.

Nun, wenn das keine prophetischen Worte waren! Doch wenden wir uns nunmehr einem anderen Kapitel zu. Wenn wir untersuchen, in welchem Umfang die Eisenbahn oder das Eisenbahn-Jahrhundert in die Kunst Eingang gefunden haben, so überrascht die Feststellung, daß zwar das Imposante, das Gewaltige in der Erscheinung eines fahrenden Eisenbahnzuges die Dichter angeregt hat. Es gibt eine ganze Reihe packender Dichtungen und die Zahl der Poeten, die irgendwann einmal Verse über die Eisenbahn gemacht haben, enthält gewichtige Namen: Chamisso, Kerner, Lingg, Reuter, Fontane, Liliencron, Morgenstern, Dehmel, Engelke und andere mehr. Aber der große „klassische" Roman über die Eisenbahn, der doch eigentlich zu erwarten gewesen wäre, fehlt. Die Romantik — in deren Ausklang fallen die ersten Eisenbahnen — nahm sie in die Dichtkunst auf. Das folgende Biedermeierzeitalter wußte jedoch nichts Rechtes mit ihr anzufangen. Die Eisenbahn stellte etwas der Beschaulichkeit Feindliches dar, sie war zu dynamisch, um in die damalige Geisteshaltung zu passen. Auch bei den großen Romanciers des Realismus spielt sie nur eine untergeordnete Rolle.

Wer an die Eisenbahn des vorigen Jahrhunderts denkt, der wird zwangsläufig mit ihr eine Vorstellung vom bürgerlichen oder Viktorianischen Zeitalter verbinden, Plüsch und Deckchen in den Coupés, distinguierte Reisegesellschaft, Würde, Vornehmheit und — Geld. Das mag mehr den sozialkritisch eingestellten Schriftsteller angeregt haben. So finden wir die Eisenbahn beteiligt, wenn es um die Schilderung der sozialen Mißstände um die Jahrhundertwende geht. Da taucht sie in den Versen von Georg Heym auf. Vor allem der Kriminalroman bemächtigt sich ihrer und Hauptmanns „Bahnwärter Thiel" ist eines der ersten Werke dieses Genres. Für die Maler des angehenden Impressionismus und jener revolutionären Zeichner des Industriezeitalters bot sie treffliche Vorlagen. Der bekannteste dürfte Hans Baluschek sein, der sie in seine tristen Vorstadtszenen aufnahm. Die Romantiker wußten den Eisenbahnzug nicht recht darzustellen, selbst bei Menzel steht die Bahn noch im Hintergrund. Den Impressionisten hingegen mag sie manche Anregung vermittelt haben. Bekannt sind die Bilder Monets vom Pariser Bahnhof St. Lazare. In Deutschland war es der Stuttgarter Pleuer, dessen Gemälde durch ihre Leuchtkraft bestechen. Baluschek, geistig mit Käthe Kollwitz verwandt, gehörte zu den stärksten Begabungen der deutschen Eisenbahnmalerei. Seiner anklägerischen Aussage stehen die eindrucksvollen Bilder des Tschechen Kreibich allerdings diametral entgegen. Dennoch sind diese Künstler Einzelerscheinungen geblieben. Berücksichtigt man darüber hinaus auch das Ausland, so ist erstaunlich, in welch geringem Umfang die Eisenbahn trotz ihrer Allgegenwart zu künstlerischer Darstellung angeregt hat. Machen wir uns also nichts vor: Die Eisenbahn fand weder in der Dichtkunst, noch in der Literatur, erst recht nicht in der Malerei in dem Umfang Eingang, wie er ihrer Bedeutung entsprochen hätte. Die Gründe mögen verschiedener Art sein, wir haben sie in dieser Abhandlung mehrfach aufgezeigt. Leuchten sie uns alle ein? Vielleicht forderte die Eisenbahn als Bestandteil der Technik eben nur zur Sozialkritik heraus? Deshalb Baluschek! Aber warum kein anderer? Warum keine Kollwitz, kein Dix, kein Liebermann, kein Chagall, kein Hofer, kein Corinth? Fragen über Fragen, deren Beantwortung über vage Vermutungen nicht hinausführt.

Der Franzose Daumier nahm sich der Eisenbahnkarikatur an und schilderte die Mißstände der Einrichtung auf seine Weise. Es ist aufschlußreich, daß sich er und andere Karikaturisten mit Begeisterung auf den Bahnhof stürzten und das Leben darin und davor mit spitzem Stift karikierten. Es müssen also doch die Schattenseiten des Eisenbahn-Jahrhunderts im Vordergrund gestanden haben? Trauerte man unterschwellig der Postkutschenzeit nach? Manche Anklänge mögen darauf hindeuten, Parallele zu unserer Zeit, wo die alte Dampflok wieder an Ansehen gewonnen hat und in einem Maße verherrlicht wird, wie es zu ihren Glanzzeiten lächerlich erschienen wäre.

Dennoch sollte man die kulturelle Bedeutung der Eisenbahnen nicht an der Zahl ihrer künstlerischen Darstellungen messen. Wir nannten bereits den immensen Wert, der ihr zukommt auf dem Wege der Völkerverständigung, des Sichkennenlernens, der Kommunikation. Zum großen Friedensbringer, als den sie manch edler Geist erhofft hat, ist sie nicht geworden. Dazu war ihre Verwendung als Kriegswerkzeug allzu verführerisch.

Schauen wir daher auf das Eisenbahn-Jahrhundert als Ganzes zurück, und ordnen wir es in die erste technische Revolution ein — beide sind voneinander nicht zu trennen — so erkennen wir eine Umwälzung, wie sie bisher einmalig in der Geschichte der Menschheit war. Der Historiker erwähnt oft das Jahrhundert der großen Entdeckungen, die Erfindung der Buchdruckerkunst, aber das blieben Vorgänge, die kaum das dürftige Leben des einzelnen berührt haben, der sich mit Hunger, Krieg und Pest herumschlagen mußte. Das ist ja das Revolutionäre an unserem Eisenbahn-Jahrhundert, daß es zu einer Verbesserung der Lebensbedingungen des kleinen Mannes geführt hat, daß es die Menschen aus ihrer Bettelarmut zu ungekanntem Wohlstand aufsteigen ließ, zu einer Verbesserung — wie man heute sagt — der Lebensqualität und zu einer weltweiten geistigen Aufgeschlossenheit. Es hat allerdings soziale Gegensätze neuer Art und neuer Abhängigkeit geschaffen. Dennoch — fassen wir alles in zwei Begriffen zusammen — sind seine Auswirkungen überaus segensreich gewesen, denn es hat die alten Geiseln der Menschheit zwar nicht ganz zu bannen vermocht, sie aber doch lindern geholfen: Den Hunger und die — Torheit.

Das Eisenbahn-Jahrhundert in der Erinnerung

Dem Menschen, der es sich nicht versagt, auf dem Weg in eine ungewisse Zukunft von Zeit zu Zeit einen Augenblick der Rast einzulegen und seinen Blick rückwärts zu wenden, spähend, woher die Wanderung ihn geführt hat, wird es immer wieder als ein unfaßbar Wunderbares erscheinen, wie weit doch sein Blick in die Vergangenheit zu schweifen vermag, wie groß doch der Zeitraum ist, den es ihm zu überblicken möglich ist. Denn das Leben beginnt ja nicht erst bei den eigenen Kindheitserinnerungen. Nein, die Erzählungen der Eltern, der Großeltern, denen wir immer begierig gelauscht haben, führen uns viel weiter in die Vergangenheit zurück, vorausgesetzt, daß wir uns überhaupt einen Sinn für die Erzählungen der Alten bewahrt haben. Solches geht mit zunehmendem Fortfall des abendlichen Gesprächs im Familienkreis — heute längst durch das Fernsehen ersetzt — mehr und mehr verloren. Die Zeit reift heran, wo der Fernsehmoderator die Rolle der Familienchronik einnimmt.

Als ich ein Bub war, da standen die Ereignisse des Ersten Weltkrieges im Mittelpunkt aller Erzählungen, war er doch allzufrisch in Erinnerung. Den Großvätern jedoch, gebeugt, weißen Hauptes, und einem Antlitz, dem ein grauer Vollbart etwas Ehrwürdiges verlieh, bedeutete das Geschehen von 1914 nicht viel. Sie galoppierten im Geiste noch immer über das Schlachtfeld von Vionville, stürmten St. Privat oder griffen mit dem blanken Bajonett die Franzosen bei Gravelotte an, eine Fülle von Namen, die uns Buben neben den Schlachtorten von 1914—18 fest in Erinnerung geblieben sind. Der Hinweis, dieser oder jener von den Alten habe noch „70" mitgemacht, verlieh dem Betreffenden eine Art Heiligenschein in unseren Augen, denn wir hatten von unseren Eltern die vaterländische Gesinnung geerbt.

Mein Großvater mütterlicherseits ist im Jahre 1852 geboren. Durch ihn wurde wiederum der geistige Kontakt zu dessen Großvater hergestellt, der 1791 das Licht dieser Welt erblickend, noch die Kriege mit und gegen Napoleon erlebt hatte. Unvergessen die Erzählung des Großvaters, wie sein Ahne 1813 wegen der heranrückenden Kosaken das Geld versteckt habe und vor Angst in den Kamin gekrochen sei, sich vor den marodierenden „Befreiern" in Sicherheit zu bringen. Demjenigen, der also wachen Sinnes durch dieses Leben geht, bereitet es keine Schwierigkeiten, einen Zeitraum von 150 Jahren zu überblicken.

In einigen kleinen Miniaturen soll daher der Versuch gemacht werden, das Eisenbahn-Jahrhundert sozusagen in Momentaufnahmen darzustellen. Mögen die kleinen, an sich belanglosen, Begebenheiten dazu beitragen, einen Eindruck vom Besonderen jener Zeit zu vermitteln, dergestalt, daß es dem Leser möglich werde, vom Detail auf das Ganze zu schließen.

Vom Urahnen, der 1813 die Flucht als besseren Teil der Tapferkeit erwählte, ist nichts über sein Verhältnis zur Eisenbahn überliefert, obwohl er doch die Entwicklung von den Anfängen an miterlebt hat. Das liegt wohl daran, daß Väter und Söhne zur gleichen Zeit an den Segnungen der Zivilisation teilnahmen

und das Erleben der alten und jungen Generation zusammenfiel. Indes der Großvater wußte mancherlei über jene ersten Jahre des Dampfwagens zu berichten,
und wer 1852 geboren wurde, dem dürfen wir schon einiges an Aussage zutrauen.
So beginnt hier für mich die früheste mündliche Überlieferung von der Welt des
Schienenstranges.

Über dem Kanapee im Wohnzimmer der Großeltern hing ein Bild, das mir
immer gewaltigen Respekt einflößte. Darauf sprengte ein Reitersmann, Soldat
seines Zeichens, in grüner Uniform mit eingelegter Lanze, stolz und kühn über
eine blumenreiche Landschaft, und dieser Soldat war niemand anders als Großvater selbst. Die kindliche Phantasie meinte natürlich, der Fotograf habe den
tapferen Helden just in dem Augenblick porträtiert, als er sich anschickte, dem
bösen Feind den Garaus zu machen. Schließlich stand in schön geschwungener
Schrift noch unter dem Ganzen: Zur Erinnerung an meine Dienstzeit beim Groß-
herzoglich Hessischen Leib-Dragonerregiment. Das mußte etwas ganz Tolles
gewesen sein, ein solcher Leib-Dragoner, und der Leser hätte sich an meiner
Stelle wohl ähnlich blühenden Vorstellungen hingegeben. Schließlich war der
Kopf des Großvaters täuschend echt in das Bild des Reiters eingeklebt.

Nun, Großvater war nicht wenig stolz auf das Bild. Um die Geschichte noch
geheimnisvoller zu machen, nannte er sich selbst einen „Schwolescheh", wobei
es Jahre gedauert hat, bis ich dahinter kam, daß er sich damit als „Chevauleger"
bezeichnete, ein alter Name für die leichte Reiterei, wozu die Dragoner bekannt-
lich gehören.

Doch nicht um Militärhistorie geht es hier, vielmehr um Großpapas erste und
gleich so fatale Begegnung mit der Eisenbahn.

Bei früherer Gelegenheit nannte ich bereits das linksrheinische Rheinhessen als
Wiege meiner Vorfahren. Von dort ist die Verbindung nach der Garnison-
stadt Darmstadt nicht ganz einfach. Man muß den Umweg über Mainz oder
Worms wählen. Nun, als Großvater im Jahre 1871 zu den Fahnen gerufen
wurde, galten die eigenen Füße als sicherstes Fortbewegungsmittel, zumal das
Geld noch seinen Wert besaß und eine Eisenbahnfahrt als Luxus galt. So ge-
langte er denn per Fuß und Pferdewagen in die Garnison, womit das größte
Problem bereits überwunden war. Urlaub gab es dazumal nicht, der Soldat war
für zwei oder drei Jahre von seinen Angehörigen getrennt.

Da heiratete jedoch Weihnachten 1872 die Schwester, ein Gesuch an den Regi-
mentskommandeur zeigte Erfolg dergestalt, daß Großpapa — eine merkwürdige
Bezeichnung für einen jungen Burschen von 20 Jahren — am Heiligabend um
die Mittagszeit seinen Passierschein in Empfang nehmen durfte, der ihn berech-
tigte, bis zum 2. Weihnachtsfeiertag abends 10 Uhr die Kaserne zu verlassen und
sich im Heimatdorf aufzuhalten. Die Freude war groß. Sie zählte doppelt, am
Neid der Zurückbleibenden gemessen.

Die Tage vorher war Schnee gefallen und Frost herrschte, als unser „Schwolescheh" im Sturmschritt aus der Kaserne zum Bahnhof hastete, denn in Anbetracht des Wetters mußte er das neue Verkehrsmittel benutzen. Das Abenteuer

Eisenbahn konnte beginnen; für einen jungen Bauernburschen, der doch kaum Gelegenheit erhielt, mit der Dampfbahn zu fahren, muß solches Tun schon ein aufregendes Erlebnis bedeutet haben. Der alte Herr hat es mir denn auch so oft erzählt, daß ich die Geschichte heute noch auswendig weiß.

Auf dem Bahnhof — damals noch die alte Ludwigsbahn-Station — zeigte sich das Glück von seiner besten Seite, der Mittagszug nach Rosengarten stand bereit, und nach Erwerb eines „Militair-Billets" ließ es sich der Soldat im dämmrigen Coupé wohl sein, derweil der Zug auf der Riedbahn in Richtung Erfelden — Gernsheim losrumpelte. Er war nur schwach besetzt, wer hatte Anlaß, am Heiligabend in die Ferne zu schweifen? Verwandte gab es nur selten außerhalb, man wohnte damals noch in der gleichen Stadt oder im gleichen Dorf.

Nun fuhr sich's in einem rumpligen Personenzug von 1872 nicht so bequem wie heute. Da gab es nicht nur die harte Holzbank, die ihre Funktion höchst bescheiden erfüllte. Auch das schmale Türfenster ließ nur kümmerliches Licht ins Wageninnere, zumal an einem diesigen Dezembertag. Wenn die Lokomotive anzog, gab es jedesmal einen Ruck, denn die Wagen waren mit ihren Ketten noch lose gekuppelt. Wer nicht aufpaßte, bekam auf diese Weise Gelegenheit, die Festigkeit seines Hirnkastels an der Rückwand seines Sitzes auszuprobieren. Die Unsicherheit der Reisenden dem neuen Verkehrsmittel gegenüber war groß. Ohne Hilfe des Condukteurs wäre so mancher gar nicht in seinen Zug gekommen. Die hilfreichen Geister hatten viel zu tun, öffneten und schlossen die Abteiltüren auf dem Bahnhof, prüften die Billets, um danach wieder auf ihre Bremsersitze zu klettern, die wichtige Funktion des Bremsers auszuüben, denn es gab ja noch keine selbsttätige Bremse im Zuge. Die Pfiffe, welche die Lokomotive alle nasenlang ausstieß, stellten sozusagen eine Art Urwaldtelefon dar und gaben den Bremsern Anweisung, die Kurbel stark oder nur ein bißchen anzuziehen oder wieder zu lösen. Eine Eisenbahnfahrt erwies sich damals als eine geräuschvolle Angelegenheit. Das Gepfeif und Gebimmel drang weit in die Gegend, und wer immer es vernahm, stellte mit Befriedigung fest: „Aha, der Mittagszug! Heut ist er aber pünktlich!"

Die Geschichte ließ sich zunächst recht gut an. Unser Soldat erreichte Erfelden, rumpelte weiter nach Gernsheim, wo er am liebsten ausgestiegen wäre, um mit der Fähre über den Rhein zu setzen und zu Fuß das heimatliche Dorf zu erreichen. Doch da er nicht wußte, ob Eisgang auf dem Rhein herrschte und der Fährbetrieb ruhte, blieb er im Zuge sitzen, behütete Sicherheit ungewissem feindlichen Leben vorziehend. Denn er fand allmählich Geschmack an der Fahrt.

Er hätte besser getan, auszusteigen.

Nach einem kurzen Halt in Biblis dampfte der Zug gerade eben lustig über die verschneiten Felder, da gab es plötzlich einen Ruck, Köpfe donnerten an hölzerne Wände, Gepäckstücke flogen aus den Netzen über den Sitzen, ein schepperndes Geschiebe und Gerucke der Wagen — dann Stille, die in ihrer Plötzlichkeit beängstigend wirkte. Nur das Zischen entweichenden Lokomotivdampfes ließ sich vernehmen.

Fenster wurden heruntergelassen, Rufe erklangen, das Zugpersonal rannte aufgeregt den Train entlang, dicke Stapfen im Schnee hinterlassend. Dann stellte sich die Bescherung heraus: Die Treibstange an der Lokomotive war gebrochen, hatte allerlei Blechschaden angerichtet und sich dann in das Schotterbett gebohrt. „Himmelherrgottsackerment" wetterte der Großpapa noch in der Erinnerung, „und das ausgerechnet an dem Tag, wo ich nach Haus' gewollt hab'. Ich bin nausgestiegen und zu der Maschin' marschiert. Den Bruchkarren hätt' ich gleich umstürzen mögen vor lauter Zorn. ‚Goethe' hat das Ding obendrein geheißen und der Depp von Maschinist hat noch geschimpft und gemeint, wir sollten froh sein, daß's nicht schon ehnder passiert wäre. Jetzt hätten wir doch nur eine gute Stunde bis Rosengarten zu laufen."

Ja, was blieb den armen Reisenden übrig? Ehe der Hilfszug heran war, konnte viel Zeit vergehen. Zum Glück war niemand zu Schaden gekommen, so machte sich die Gesellschaft auf die Socken und stapfte schimpfend und frierend den Schienenstrang entlang nach Hofheim, wo die Begüterten sich um Pferd und Wagen bemühten. Unser armer Soldat blieb indes auf Schusters Rappen angewiesen.

Die Bahn führte damals nur bis zur Station Rosengarten auf der rechten Rheinseite, Worms gegenüber. Die Rheinbrücke, die das Ried mit Worms verband, existierte noch nicht, den Übergang besorgte vielmehr ein sogenanntes Trajekt. Das war eine Fähre, auf der auch Eisenbahnwagen befördert werden konnten.

Ja freilich, aber da der Zug nicht kam, fuhr das Trajekt nicht.

Unser Soldat in seinem Zorn war nahe daran, aus der Sperre zum Trajekt Kleinholz zu machen. Als Bauersmann und Soldat dürfte es ihm an den erforderlichen Kräften nicht gemangelt haben. Leider war bei dem Marsch viel Zeit verstrichen, es wurde dunkel, die spärliche Laternenbeleuchtung verbreitete nur eine schwache Andeutung einer Helligkeit.

Nach und nach kamen noch andere Fahrgäste heran, mit viel List und gegen Zahlung eines guten Trinkgeldes wurde einer der Fährleute bewogen, trotz Dunkelheit und starker Strömung den Nachen flottzumachen und die Gesellschaft überzusetzen.

Die Uhr ging auf sechs, als der Urlauber am Wormser Bahnhof eintraf, nachdem der Marsch vom Fährhaus nach dort das während der Überfahrt erstarrte Blut wieder in Gang gebracht hatte. Just als er den Bahnhof erreichte, pfiff der Mainzer Zug ab und dampfte polternd in die dunkle Nacht hinaus.

Jetzt wurde unser Vaterlandsverteidiger nicht nur wütend, nein auch noch saugrob und schwur Stein und Bein, seinen Rittmeister zu bewegen, das ganze Worms bei nächster Gelegenheit im Sturmangriff zu nehmen und die Bahnbediensteten kurzerhand zu füsilieren. Und sein Fahrgeld wollte er auch wieder zurückhaben.

„Wer schimpft denn da so mordsmäßig?" fragte plötzlich eine Stimme hinter ihm, und als der Soldat sich umwandte, stand ein Mann in betreßter Uniform vor ihm. Großvater nahm stramme Haltung an wie es sich gehörte und rief:

„Melde gehorsamst, Herr — Oberst, der Zug nach Mainz ist ohne mich abgefahren!"

„Ich bin kein Oberst", erwiderte der Mann in Uniform, „ich bin der Ober-Stationsvorsteher. Wieso habt Ihr den Zug verpaßt. Hat es denn Urlaub gegeben?"

Der Soldat erstattete nun Bericht über sein Mißgeschick und daß er zum Heiligabend gern zu Hause gewesen wäre, weil er schon ganz wider die Regel Urlaub erhalten hätte.

Die Züge des goldbetreßten Mannes stimmten sich sichtlich milder. „Ich sehe an Eurer Uniform, daß Ihr bei meinem alten Regimente dient", erklang seine Antwort. „Nun, Ihr sollt noch zu Eurer Familie kommen. Wartet hier noch ein paar Minuten. Dann wird eine einzelne Maschine kommen, auf der könnt Ihr ausnahmsweise, weil heute Heiliger Abend ist, mitfahren. Ich lasse dem Maschinisten Bescheid sagen. Und das nächste Mal nicht wieder gleich so schimpfen. Na dann fröhliche Weihnachten!" Damit legte der Vorsteher die Hand an die Mütze und ging zum Stationsmeister, mit dem er ein paar Worte wechselte.

Unser Reisender atmete sichtlich auf, und der hilfsbereite Mann stieg ungeheuer in seiner Achtung. „Bub," sagte er jedesmal, wenn er die Geschichte erzählte, „Bub, ich hab' gemeint, es wäre ein richtiger Oberst gewesen. Ich hab' doch gar nicht gewußt, daß die höheren Bahnbeamten Uniform wie die Offiziere trugen. Da konnte man schon irr werden. Und wir einfachen Soldaten haben sowieso alles gegrüßt, was den bunten Rock trug."

Das Geschick des Reisenden wendete sich also doch noch zum Guten. Zehn Minuten später kam eine Lokomotive angedampft, „und ‚Karl der Große' hat sie geheißen." Die Namen wußte er sein Lebtag noch, weil ihn die ganze Reise tief beeindruckt hatte. „Wie nun die Lokomotiv' kam," so fuhr er fort zu berichten, „ist der Stationsmeister hingegangen und hat mit dem Maschinisten gesprochen. Darauf hat der gewunken und ich bin die Leiter nauf geklettert. Ui, das waren aber zwei finstere Gestalten da oben auf dem Perron und eingemummt waren sie, daß man ihre bärtigen Gesichter kaum erkennen konnte. 's war aber auch arg kalt; auf der Maschin' gab's noch kein extra Häusle, sondern nur so eine Art Schutzschild nach vorn. Und gerumpelt hat's sehr während der Fahrt. Jedesmal gab's einen Schlag gegen die Füß, wenn wir über so eine Stell' fuhren, wo zwei Schienen zusammengeschraubt sind. Und gezogen hat's da oben. Schließlich hat mich einer von den Gestalten gefragt, wo ich hin wollte. Da hab' ich gesagt, nach Alsheim. Das war das einzige, was sie auf der ganzen Fahrt mit mir gesprochen haben."

So kam unser Soldat ganz unerwartet zu einer Fahrt auf dem Führerstand der Lokomotive, die trotz ihrer Einmaligkeit manche Beschwernis aufwies. Der Urlauber war froh, als die Lokomotive in Alsheim kurz hielt und er abspringen durfte, um sich auf den Weg nach seinem Heimatdorf zu machen, das damals noch keinen Bahnanschluß besaß. Der freudige Empfang durch seine Angehörigen und die warme Stube ließen ihn das überstandene Abenteuer bald vergessen.

An die Fahrt hat er aber zeitlebens denken müssen. Zeitlebens ist er auch der Eisenbahn mit gemischten Gefühlen begegnet. Und wenn er später als reifer Mann in die Kreisstadt reisen mußte, dann hat er lieber den Hans oder die Liese vor den Wagen gespannt und die Zügel in die Hand genommen. „Weißt Bub, selber kutschieren ist allemal besser, als auf der Eisenbahn fahren. Da weiß man nie, was alles passieren kann. Und auf einer zugigen Lokomotive möchte ich schon gar nimmer fahren."

So mancher dachte ebenso in jenem ersten halben Jahrhundert. Die Eisenbahn hatte es schwer, Anerkennung zu finden. Jahrzehntelang galt sie als Fremdkörper, besonders unter der konservativ eingestellten Landbevölkerung. Und als in späteren Jahren infolge eines Lokomotivpfiffs dem Großvater einmal die Pferde durchgingen, da war er erst recht nicht mehr gut auf die Eisenbahn zu sprechen. Immerhin, sein Horror scheint sich offensichtlich nicht vererbt zu haben.

*

Die Abenteuer unseres Soldaten von 1872 während seiner ersten Eisenbahnfahrt zeigen uns erneut, wie unterschwellig eine Distanz zwischen Publikum und Bahn bestanden hat. Ist es überhaupt jemals zu einer Freundschaft gekommen? Galt der Eisenbahnzug mit seiner drohenden Erscheinung, mit seiner dampfenden, so gefährlich zischenden Lokomotive nicht letztlich als etwas dem Menschen Feindliches? Nicht umsonst wurde ihr das Eigenschaftswort „höllisch" beigelegt und so mancher hat sie als Teufelswerk abgeurteilt. Irgendwie spielt das Gefühl des Ausgeliefertseins an eine höhere Gewalt in diese Beziehungen hinein, Emotionen, die beim eigenen Auto nicht vorhanden sind. Denn das Auto läßt sich von jedem von uns beherrschen, darüber hinaus verleiht es dem Fahrer ein wohltuendes Gefühl von Macht. Der Passivität einer Eisenbahnfahrt steht die Aktivität im eigenen Auto gegenüber. Sie hat nicht zuletzt so wesentlich zu dessen Beliebtheit beigetragen.

Diese Distanz zwischen Fahrgast und Eisenbahnzug tritt besonders deutlich hervor, wenn sich Unvorhergesehenes im Eisenbahnbetrieb ereignet, wenn ein Unfall geschieht und das Bedrohliche des Zuges sichtbar hervortritt.

Es ist immer wieder interessant und aufschlußreich, wie die Zeitgenossen diese Dinge beurteilt haben, wie ihr Verhältnis zur Bahn ausgesehen hat. Nur daraus können wir uns ein zutreffendes Bild über den gesamten Zeitraum des Eisenbahn-Jahrhunderts verschaffen, und solches Wollen ist ja der Zweck unseres Buches.

Am Dienstag, dem 1. Oktober 1889 ereignete sich beim Bahnhof Wildpark auf der eingleisigen Strecke Böblingen — Stuttgart ein schweres Eisenbahnunglück. Der Stationsmeister von Hasenberg ließ eine angeforderte Vorspannlokomotive abfahren ohne darauf zu achten, daß in Vaihingen ein Personenzug bereits den Bahnhof verlassen hatte. Sofort gegebene Alarmsignale wurden nicht beachtet, es kam zum Zusammenstoß, der Tote und Schwerverletzte forderte. Die Schilderung des Vorgangs entnehmen wir einem Brief, der im Württembergischen

General-Anzeiger vom 5. 10. 1889 abgedruckt war und für den Stil der Zeit aufschlußreich ist. Die Zeitung schreibt:

Eine lebhafte und in ihren Einzelheiten überaus klare Darstellung des graulichen Zusammenstoßes gibt nachfolgender, von einer Coupégenossin des Majors v. Dedekind, Fräulein Steinhausen aus Rottweil, an ihren Vater, Rechtsanwalt in Rottweil, gerichteter Brief.

Stuttgart, 2. Oktober.

Mein lieber Papa und liebe Geschwister!

Kaum von der Kirche zurückgekehrt, beeile ich mich, nun ruhiger geworden, Euch ausführlich zu schreiben.

Ihr wißt ja, daß ich mit Herrn Major v. Dedekind von Rottweil zusammen fuhr im Nichtrauch-Coupé. In Vaihingen kurz vor 11 Uhr mußten wir zum Kreuzen warten und es hieß gleich, man müsse dem Zug, weil er stecken geblieben sei, eine zweite Maschine geben. Es war ein ewiges Telephonieren und endlich fuhren wir ab, ohne von unserem Zug aus zu bemerken, daß die bestellte Hilfsmaschine auf uns zufuhr. Also wir fuhren ab; der Herr Major und ich sprachen noch ahnungslos miteinander — da — ein schauderhafter Lärm und Gekrach, ein Jammerschrei aus hundert Kehlen, markerschütternd. Ich sah, wie die Decke wankte und einstürzte, wie die Vorderwand auf mich heransauste, dann wurde es dunkel um mich, ich fühlte noch, daß mein Körper herumfuhr wie ein Ball, und ehe meine Sinne schwanden, packte ich meinen Rosenkranz, dachte an den Himmel, an Gott und meine arme Seele und an Euch; ich sah Euch alle vor mir noch, schickte mein Gelübde noch zum Himmel, dann wußte ich nichts mehr. Das alles geschah mit Blitzesschnelle. Wie lange ich so lag, kann ich nicht sagen. Als ich zu mir kam, fühlte ich, daß mein Haar über meinem Kopf hing und noch eingeklemmt war, ganz fest und voller Holz- und Glassplitter; ich sah um mich herum, konnte aber in dem Dampf und Gezisch einer Maschine dicht neben mir nichts sehen und hören. Ich fühlte aber keine Schmerzen und versuchte mich zu bewegen, das ging nicht, ich steckte bis an den Kopf in Trümmern. Unter mir stöhnte es herzzerbrechend. Ich rief, wer da sei: „Oh helfet, ich muß sterben!"

Ich drehte mich mühsam um und sah tief unter mir den Kopf von Referendär Karl Gutheinz und Rechtsanwalt Löwenstein. Geistergleich mit ganz verzerrten Gesichtern starrten sie mich an, wir weinten herzzerbrechend, als wir unsere Stimmen wieder hörten. Daß diese beiden verwundet waren, sah ich gleich. Ich suchte nun den Herrn Major; durch ein Loch konnte ich ihn endlich auf den Schienen sehen, aber bloß den Kopf, blutüberströmt und schwer stöhnend. Noch jemand ganz unter uns röchelte schauderhaft; ich konnte aber niemand mehr sehen. In dieser schrecklichen Lage verbrachten wir, ich denke eine Viertelstunde, bis man mich zuerst heraustrug und mich unter eine Tanne setzte. Nach und nach brachte man alle, keiner konnte allein stehen. Zum Glücke waren die beiden letzten Dritterklaßwagen unbeschädigt, und die darin gesessenen Rekruten halfen wacker den noch lebenden Beamten. Der erste, über den ich stolperte, lag hilflos mit gebrochenem Fuße an der Erde; nicht weit davon mit grauenvoll entstellten

Zügen der tote Zugführer, gerade über der Schiene. Was jetzt für Sachen auf einander folgten, kann ich nicht beschreiben; ich weine, wenn ich nur daran denke. Fünf Tote allein kamen aus dem ersten Dritterklaßwagen. Man zwängte sie alle zum Fenster heraus. Grauenhaft! — Ich half, wo ich konnte, aber die armen Jammernden hatten keinen Tropfen Wasser, nichts war da, womit man ihnen hätte helfen können. Die Stuttgarter Maschine, „Gerabronn" geheißen, war auf die unsere losgefahren und zertrümmerte sie und warf sie in den Wald. Der Güterwagen, der nun folgte, wurde links in den Weg geschleudert, ganz durchfahren, dann kam unser Wagen. Die Maschine fuhr zur Vorderwand förmlich herein, alles zermalmend. Unser Wagen wurde umgeworfen, so daß die Räder in die Luft starrten. Eine Langseite wurde ganz eingeschlagen, so daß wir buchstäblich begraben lagen. Wir kamen dicht neben unserer Maschine zu liegen, die aufgerissen war und fortwährend siedendes Wasser und Dampf auf uns strömte. Wie ich lebe, weiß ich nicht; es ist ein Wunder. Alle sagten es, und sprachlos starrte mich der noch lebende, auch blutende Kondukteur an, als man uns endlich auf unser Jammergeschrei unter Balken, Eisenstücken, Rädern etc. fand. „Ja, leben Sie?" „Gott sei gedankt" und die hellen Tränen liefen ihm übers Gesicht. Ganz zuletzt fand man auch den, der so gestöhnt hatte, aber jetzt ganz still geworden war — doch genug. Ich kann das alles unmöglich beschreiben. Während wir so in dem Wald saßen, schrie ein jedes ums Telegraphieren und nur der Major und ich konnten das von der Jammerstätte aus tun. Das Telegramm wurde von einem Kind nach Stuttgart getragen. Nach zwei Stunden endlich kamen Ärzte, Wein und Wasser. Ein ganzer Sanitätszug kam von Stuttgart und brachte uns alle im langsamsten Tempo, Schritt für Schritt, nach Stuttgart, um 3$^1/_4$ Uhr hielt man an der Kriegsbergstraße. Menschen auf den Dächern nach Tausenden umstanden, soweit man sehen konnte, den Platz. Niemand durfte zu uns her. Sanitätsmänner holten uns Fiaker zur Fahrt. Die Leute umringten meinen Wagen mit flehendlichen Bitten, ihnen näheres zu sagen. Aber ich konnte kein Wort sprechen. Ich zitterte und war totmüde. Als endlich meine Freundinnen, die mich erwarteten, mich verstört und gesund erblickten, stürzten sie mir auf der Straße entgegen, alle laut weinend. Unablässig kommen Leute aus der Nachbarschaft, die mich um Details bitten und mit mir sprechen wollen. Heute kann ich noch nicht kommen und vielleicht morgen auch nicht. Ich habe ein fürchterliches Grauen vor einer Lokomotive, und wenn ich eine pfeifen höre, durchlebe ich alles noch einmal.

Lebt alle wohl, seid vielmal herzlich gegrüßt und geküßt von Eurer Antonie.

Soweit die gefühlvolle und offenbar von dem Zeitungsredakteur ein wenig zurechtgemachte Schilderung des Fräulein Steinhausen. Ein Zeitbild, wie es uns heute fremd, aber doch in manchem auch wieder vertraut erscheinen will. Auch ein solch tragischer Unglücksfall gehört zum Eisenbahn-Jahrhundert, auch an die Opfer, die ihm gebracht werden mußten, sollten wir denken.

*

Nach diesem Bericht über die Schattenseiten des Schienenverkehrs wieder freundlichere Töne, denn die alte Eisenbahn bot trotz ihrer ernsten Aufgaben manchen Grund zu fröhlichem Gelächter. Wir sind ja heute alle so stolz auf unsere sachliche Zeit und bedenken kaum, daß sie im Grunde armselig ist, so „un-menschlich", daß der ältere Zeitgenosse nicht ohne Sentimentalität jenen früheren Zeiten nachtrauert. Freilich, nennen wir heute das Wort Vergangenheit, so werden einem sofort die beiden Kriege vorgehalten. Als wenn es früher nichts anderes als Krieg gegeben hätte, als Soldatenspiel, Pickelhaube und Gleichschritt! So ist leider vieles von der menschlichen Seite des Eisenbahn-Jahrhunderts unter den vielen Tränen und all dem Jammer — vergessen worden.

Das Verhältnis meines Vaters zur Eisenbahn überschritt wohl nicht das Maß des normalen Staatsbürgers, dessen Beziehungen rein sachlicher Natur zu sein pflegen. Gewiß gab es auch zu Beginn unseres Jahrhunderts schon begeisterte Eisenbahnfreunde. Die Bilder unseres Buches nennen die Namen von Werner Contius und Dr. Feißel, die schon vor siebzig Jahren mit der Kamera loszogen, festzuhalten, was damals auf den Schienen dampfte. Aber das blieben Einzelerscheinungen. Wie der einfache Bürger über seine Bahn dachte, haben wir auf den vorangegangenen Seiten hinreichend beleuchtet.

Mein Vater befand sich in den Jahren 1905 bis 1907 „in der Lehre", wie es damals hieß, denn der ordentliche Mensch war gehalten, einen Beruf zu erlernen, und der Handwerks- und Kaufmannsstand galten noch etwas im Lande. „Gott segne das ehrbare Handwerk", sagte man, und wer ein tüchtiger Meister werden wollte, ging sogar auf Wanderschaft. Nun gab es in der Kleinstadt nach Feierabend wenig Abwechslung für einen „Stift". Und da „dunnemals" der Bahnhof noch zu den Sehenswürdigkeiten zählte — neben der Kirche und dem Kolonialwarenladen von Friedrich Schulze (diese Zusammenstellung zeigten die damaligen Ansichtskarten, wenn nicht das Kriegerdenkmal von anno 70/71 als vierte Attraktion dazukam) —, ging der junge Lehrbursche zum Bahnhof, teils um in der dortigen Wirtschaft als starker Mann sein Bier zu trinken, teils um zu — gammeln, wie man es heute ausdrücken würde. Der abendliche Schnellzug hatte es ihm angetan, der den Bahnhof durchraste, so wollte es jedenfalls meinem Vater erscheinen, denn er konnte sich selbst im Alter noch an der Erinnerung jenes spannenden Schauspiels begeistern. Die moderne Eisenbahn galt ihm wenig. Anläßlich jener Bahnhofsvisiten lernte er auch die Schnellzuglokomotiven kennen, die ab 1907 bereits eine Gattungsbezeichnung am Führerhaus trugen — es handelte es sich um die Preußische Staatsbahn. Vor jenem abendlichen „Blitzzug", wie ihn der Volksmund nannte, dampfte regelmäßig eine Lokomotive der Gattung S 3 daher. Das sei ein aufregendes Schauspiel gewesen, wenn der Zug mit seinen sechs D-Zugwagen angerast kam. Der Herr Bahnhofsvorsteher mußte jedesmal in seiner guten Uniform mit extra blankgeputzten Knöpfen auf den Bahnsteig treten, beim Passieren des Zuges stramme Haltung annehmen und die rechte Hand vorschriftsmäßig zum Gruß an die Mütze legen. Der Zug selbst kündete sich von weitem schon durch eine mächtige Dampfwolke an, von der

Einzäunung des Bahnsteiges aus gut zu beobachten. Fünf Minuten vorher gingen unter Gebimmel die Schranken an der hinter dem Bahnhof die Strecke kreuzenden Straße herunter, und auch der Schrankenwärter machte — militärisch gesagt — Front. Dann aber, wenn der Zug herangebraust kam und am Bahnübergang eine Staubwolke aufwirbelte, sei ihm, meinem Vater, jedesmal angst und bange geworden, und der ganze Bahnhof habe gewackelt. Leute habe er gar nicht beobachten können, so schnell sei die Vorbeifahrt vor sich gegangen. Und einmal trug sich etwas ganz Schreckliches zu. Gerade als der Zug den Bahnsteig entlangdonnerte, stieß die Lokomotive einen schrillen Pfiff aus und raste pfeifend am Bahnhof vorüber. Er habe schon gedacht, jetzt müsse ein gräßliches Unglück geschehen sein. Nachher sei er jedoch gewahr geworden, daß der Pfiff den Hühnern des Bahnhofsvorstehers gegolten habe, die allzu verwegen dicht neben dem Durchfahrtsgleis gepickt hätten. Der aufmerksame Lokführer habe deshalb einen Warnpfiff abgegeben.

So war das damals, jene mächtige Schnellzuglokomotive, die S 3, besaß neben den Laufachsen nur zwei große Treibräder an jeder Seite (Achsfolge 2 B), und die rasende Geschwindigkeit mag nicht mehr als 100 km/h betragen haben. Freilich, es ist alles relativ. Damals galten eben 100 km/h bereits als schwindelerregend. Anhand eines alten Fahrplanes ließ sich sogar auf den Zug schließen. Es könnte der D 213, Cöln — Leipzig, gewesen sein, der tatsächlich kurze Fahrzeiten und wenige Zwischenhalte aufwies.

Das größte Ereignis, über das der Vater aus jenen Jahren berichtete, war die Ankunft des kaiserlichen Hofzuges. Seine Majestät, damals kurz „SM" genannt, verfügte über einen eigenen Zug, der aus lauter Salonwagen, teils für sich und die Kaiserin, teils für Kammerdiener, Zofen und Gefolge, zusammengesetzt war. In der Nähe des Städtchens lag das Schloß eines Kammerherrn, der seine Majestät zu Gast geladen hatte. Da aber SM nicht ohne Repräsentation und das nötige Operettenbrimborium leben konnte, gab es den berühmten „großen Bahnhof". Der Meister hatte seinem Stift freigegeben, an dem Schauspiel teilzunehmen. Dieser postierte sich beizeiten an seinem Stammplatz auf. An einem solchen Ereignis pflegte die ganze Umgebung teilzunehmen und von weither kamen die Leute geströmt. Die Regimentskapelle der 36er marschierte auf, Stunden vorher stand eine Ehrenkompanie bereit, mit Hilfe von ausgespanntem Bindfaden in eine schnurgerade Linie gebracht. Seine Exzellenz, der Herr Kommandierende General, war erschienen und natürlich der Kriegerverein des Städtchens samt der Schützengilde, dem Gesangverein und der Freiwilligen Feuerwehr. Die Spannung sei geradezu unerträglich gewesen, zumal das schon sprichwörtliche Kaiserwetter mit 30 Grad Celsius geherrscht habe. Alles fieberte nicht nur vor Erwartung, nein, man transpirierte auch nach Kräften. Ehrenjungfrauen in weißen Kleidern trugen Blumen in der Hand, die bei zunehmender Hitze die Köpfe hängen ließen. Irgendwoher kam auch der berühmte rote Teppich, der über den Bahnsteig zum Wagen seiner Majestät gerollt werden sollte. Der Zaungast war übrigens tief enttäuscht, denn der Zug sei mit der Geschwindigkeit eines

Fußgängers in den Bahnhof geschlichen. Er habe etwas ganz anderes erwartet, SM spukte ja damals als schneidiger Reitersmann in den Köpfen der Jugend herum und so erwartete der junge Mensch auch den Hofzug „schneidig" herangebraust kommen, bremsen und halten. Den Zug beförderten zwei blankgeputzte S 3-Maschinen. Am Bahnsteig sei er so langsam gefahren, bis der Wagen des Kaisers genau am roten Teppich gehalten habe. Der Zug selbst stellte für die Landbevölkerung eine Sensation dar, wer hatte so etwas Schönes schon vorher gesehen? Zwölf wunderbare Wagen, unten blau, oben weiß lackiert, es muß ein prächtiger Anblick gewesen sein. Die Musik intonierte „Heil Dir im Siegerkranz", irgend jemand hielt eine Ansprache. Den hohen Besucher habe mein Vater aber nur ganz flüchtig erblickt, er sei gänzlich von Leuten umringt gewesen. Vor dem Bahnhof hätten die Kutschen gehalten und die hohen Herrschaften — die Kaiserin begleitete den Monarchen — seien dann nach dem Schloß des Kammerherrn gefahren. Als weit interessanter erwies sich, was nun mit dem Hofzug passierte, er mußte ja aus dem Hauptgleis heraus. Die beiden Lokomotiven zogen ihn mit gewaltigen Auspuffdampfwolken nach vorn, um ihn anschließend auf das Abstellgleis zu drücken. Aber da kam die Überraschung. Das Abstellgleis erwies sich als zu kurz, die Wagen paßten wohl drauf, aber die beiden Lokomotiven ragten in das Hauptgleis hinein. Eine heftige Diskussion hub an mit Hin- und Herrennen vom Zug zum Bahnhof und zurück. Der kaiserliche Hofzugführer habe wie ein Rohrspatz geschimpft und mein Vater konnte ganz genau das aus dem Zusammenhang gerissene Wort „blöder Trottel" verstehen. Schließlich einigte man sich darauf, vielleicht nach Anweisung höheren Orts, den Zug überhaupt fortzuschicken. Mit abermaligem mächtigen Schnauben und schweren Auspuffschlägen setzte er sich wieder in Bewegung, schwenkte in das Hauptgleis ein und dampfte davon. Weil ihn das spannende Ereignis so gefesselt hatte, schaute mein Vater noch einmal um die Ecke des Gebäudes auf den Bahnsteig. Dort fand er den Bahnhofsvorsteher auf der Bank sitzen, krebsrot im Gesicht, völlig geknickt, ein geschlagener Mann. Seine Frau stand neben ihm und wischte den Schweiß von seiner Stirn, dabei mit milden Worten auf ihn einredend. Er gehörte zu den Opfern, die der Auftritt seiner Majestät eben forderte und von denen nie jemand gesprochen hat.

Doch den jungen Mann von 1907 hat das wenig berührt, er stand noch ganz im Banne des Geschehens. Denn ein Besuch von SM galt damals als das erhabendste Ereignis im Leben eines guten deutschen Staatsbürgers.

Die Leute waren um ihre Bescheidenheit zu beneiden.

*

In das Jahr 1924 fiel ein Ereignis, das weitreichende Folgen für mein späteres Leben haben sollte. Wir zogen „an die Bahn", wie es in meiner Heimatstadt schlichtweg hieß. Gemeint ist damit ein Stadtviertel, dessen Häuserblocks parallel zu den ausgedehnten Bahnanlagen verlaufen. Die Wohnqualität litt allerdings

durch Rauch- und Dampfwolken, die sich bei Ostwind die Querstraßen entlang-
wälzten. Der Begriff Umweltverschmutzung existierte damals noch nicht, die
Hausfrauen lagen jedoch in immerwährender Fehde mit dem Ruß, und wäre es
nach den an ihren Busen nagenden dunklen Trieben gegangen, hätte man damals
schon die Eisenbahn abgeschafft.

Kein Wunder also, daß allein durch die Nähe mein Interesse an der Eisenbahn
wuchs, genährt überdies durch Berichte und Erzählungen einiger ergrauter Mit-
bewohner des Hauses. Denn zwangsläufig wohnen „an der Bahn" viele Eisenbahner, die zwar immer schrecklich schimpften — und wohl in puncto Bezahlung
manche Ursache zu solchem Grimme besaßen — aber dennoch mit Leib und
Seele bei ihrem Fuhrunternehmen Dienst versahen.

Oben im dritten Stock unseres Hauses wohnte der alte Herr Hentschel, dessen
weißer Backenbart wie weiland beim „alten Wilhelm" die runzeligen Wangen
zierte und der mich jedesmal an den Weihnachtsmann erinnerte, der in meiner
mitteldeutschen Heimat die Rolle des Christkindes spielt. Der alte Herr hatte
ein Leben lang als Schaffner, später Zugführer bei der Eisenbahn Dienst getan.
Er gehörte zu den letzten Überlebenden, der die Spicherner Höhen mit erstürmt
hatte, was ihn wiederum in der Gunst meines historisch interessierten Vaters ganz
beträchtlich steigen ließ. So ergab sich nach und nach ein netter Kontakt zu dem
alten freundlichen Herrn. Wenn er meinen Vater besuchte und seine Zigarre
genüßlich rauchte, dann stand zunächst das Thema Krieg auf der Tagesordnung.
Hatte man sich hierüber ein langes und breites ausgelassen und auch gehörig über
Moltke, den Kronprinzen Albert und den Mac Mahon einerseits, über Falken-
hayn, Hindenburg und Joffre andererseits diskutiert, dann kam — von mir
sehnsüchtigst erwartet — das Thema Eisenbahn an die Reihe.

Es war die alte Eisenbahn, von der Herr Hentschel erzählte, die Königlich
Preußische Staatseisenbahn. Seine Erzählungen stammten aus einer Zeit, als die
Welt noch in Ordnung war, als der Wilhelminische Staat für die Ewigkeit geschaffen schien und der kleine Mann sich zufrieden gab, wenn er des Sonntags
seinen Braten auf dem Tische vorfand.

Auch die Verkehrsverbindungen, insbesondere die Zugläufe, unterschieden sich
wesentlich von denen späterer Jahre, von der Gegenwart ganz zu schweigen.
So gab es vor dem Ersten Weltkrieg zum Beispiel durchgehende Personen- und
auch Schnellzüge von Halle nach Skalmierzyce. Igittigitt — so wird der Leser
ausrufen — wo liegt denn das?

Ja, das gehört zu den vielen Merkwürdigkeiten des Eisenbahn-Jahrhunderts, die
wir heute nicht mehr kennen, denn die Kundigen, die alles noch aus eigener
Anschauung erlebt haben, über Ursache und Geschehen Bescheid wußten, die
deckt längst der kühle Rasen zu. Unser deutsches Vaterland sah vor dem Ersten
Weltkrieg völlig anders aus. Es war ja noch das große Bismarckreich, das im
östlichen Schlesien und in der Provinz Posen unmittelbar an das Reich des Herr-
schers aller Reußen, des russischen Zaren grenzte. Einen polnischen Staat in
heutiger Gestalt gab es noch nicht, der wurde erst 1916 proklamiert. Der russische

Westen, also das heutige Polen, galt bis zur Jahrhundertwende als verkehrsmäßig kaum erschlossen. Es gab dort keine Industrie, die Gebiete wiesen rein agrarischen Charakter auf, und so bestand wohl auch kein Bedürfnis nach Fortbewegungsmitteln über den Pferdewagen hinaus. Diese Situation ergab jedoch den großen Nachteil, daß etwa ein Kaufmann, der von Breslau nach Warschau reisen wollte, um dort ein Geschäft abzuschließen, erst nach Oberschlesien fahren mußte, um im dortigen Sosnowice in die Warschau-Wiener Eisenbahn einzusteigen, die ihn nach einer Reise von über 500 km ans Ziel führte.

Eine Besserung erhoffte man sich, als die 1870 gegründete Breslau-Warschauer Eisenbahn begann, die Strecke Oels — Polnisch Wartenberg (später Groß Wartenberg genannt) — Kempen zu bauen, die — 1872 fertiggestellt — zur Verlängerung bis Petrikau an der Warschau-Wiener Eisenbahn vorgesehen war. Diese Verbindung kam jedoch nicht zustande. Die Warschau-Wiener Eisenbahn baute vielmehr in den Jahren 1900 bis 1903 eine eingleisige (!) Strecke von Warschau über Lodz nach Kalisch und von dort nach der preußischen Grenze bis Schtschipiorno. In weiser Voraussicht wählte man die russische Breitspur, damit im Kriegsfalle die bösen Preußen nicht gleich per Bahn bis Warschau durchfahren konnten.

Der Preußische Staat baute seinerseits eine Anschlußbahn von Ostrowo nach — und da hätten wir's — Skalmierzyce, natürlich in deutscher Normalspur. Zwischen Skalmierzyce, einem unbedeutenden Bauerndorf, und Schtschipiorno, an Bedeutung eher noch geringer, verlief die Grenze. Später, 1906, wurde das preußische Gleis bis zum nicht weit gelegenen russischen Bahnhof Kalisch verlängert, so daß also zwischen Skalmierzyce und Kalisch sowohl ein breitspuriges als auch ein normalspuriges Gleis lagen. Die Entfernung Breslau — Warschau wurde dadurch ganz wesentlich verkürzt, wie ein Blick auf den Atlas zeigt. Soweit einige Züge bis Kalisch auf dem preußischen Gleis durchliefen, oblag der K.P.E.V. die Betriebsführung. Den Verkehr Kalisch — Skalmierzyce bediente jedoch die Warschau-Wiener Bahn. Kurioser gings nimmer.

Es gehört wenig Phantasie dazu sich auszumalen, welche Bedeutung dieser Bahnhof im Laufe der Jahre erhielt. Umfangreiche Bahnanlagen entstanden, denn die Strecke entwickelte sich zu einem wichtigen Güterumschlagplatz zwischen Deutschland und Rußland. Um den Bahnhof herum wuchs eine ganz neue Eisenbahnersiedlung aus dem Boden, die nunmehr den Namen Neu-Skalmierschütz führte. Nicht nur von Breslau aus hatte sich eine durchgehende Verbindung nach dort ergeben, nein auch von Halle und Leipzig aus liefen Züge bis zur Grenze über Sagan, Glogau, Lissa, Krotoschin, Ostrowo. Es will uns heute fast als Mär erscheinen, daß es bis zum Ersten Weltkrieg ein D-Zugpaar Cassel — Skalmierzyce gegeben hat. Doch damit genug der Eisenbahn-Geographie, ich wollte ja von den Erlebnissen des Zugführers Hentschel berichten, wie er sie auf der Preußischen Staatsbahn durchgestanden hat.

Wir hatten bereits aufgezeigt, daß in jenen fernen polnischen Landen die wirtschaftliche Struktur von der des Reiches abwich. Dort herrschte die Landwirtschaft vor. Kaum ein Dorf, das nicht sein Gut aufwies, meist ein Rittergut mit einem Junker als Besitzer. Drumherum lagen die Häuser der Taglöhner und Kätner, ärmlich und bescheiden zumeist und gerade so eben dem Zustand der Leibeigenschaft entwachsen. Der „Herr" galt noch als kleiner Gott und dünkte sich wohl auch ähnlich. Vielfach gab es Stichbahnen von den Gütern zur Hauptstrecke, um die landwirtschaftlichen Erzeugnisse auf die Märkte der Städte zu bringen. Die Bevölkerung war fast rein polnisch. Im alten Reich gab es ja mehrere Millionen Polen, die sogar eine Mannschaft von 20 Abgeordneten in den Reichstag entsandten. Den älteren unter den Lesern werden die Dinge noch in Erinnerung sein, insbesondere die Späße, die man mit den armen polnischen Rekruten in der Armee anstellte, denn sie mußten ihre Wehrpflicht bei den Preußen ableisten und das mitten im Reich. Da gab es in jeder Kompanie soundsoviele Kaczmareks und Wistraczewskis, Kasprowicze und Kosiols, die mit ihrem gebrochenen Deutsch und ihrer unvollkommenen Ausdrucksweise für unzählige Witze sorgten.

Es geschah während jenes heißen Sommers des Jahres 1911, in welchem das Thermometer kaum unter 30 Grad sank. Das ganze Land schwitzte und stöhnte unter der Hitze, erst recht die Eisenbahner in ihren Uniformröcken, von denen sie höchstens die obersten Knöpfe öffnen durften. Ein Eisenbahner in Hemdsärmeln wäre damals undenkbar gewesen. Die Zahl der durchgeschwitzten Mützen und Rockkragen jenes Jahres wird nie mehr zu ermitteln sein. Das höchste an Komfort bedeutete die leichte Litewka, die man sommers über tragen durfte. Damals achteten die Vorgesetzten persönlich auf ordentliche Kleidung ihrer „Untergebenen", und die armen Eisenbahnerfrauen, die jeden zweiten Tag die Hose ihres Mannes bügeln mußten, wissen ein Liedchen von preußischer Strenge zu singen.

Ausgerechnet in jenem Sommerfahrplan gab es für das hallische Zugpersonal die sogenannte große Tour. Während auf der Sorau-Gubener Bahn normalerweise in Sagan Personalwechsel stattfand, gab es einen Umlauf mit dem Personenzug, der bis Skalmierzyce führte. Auf diesem Umlauf hatte unser Zugführer Hentschel Dienst und von ihm will ich berichten.

Die Rückfahrt stand bevor. Der Personenzug war in Skalmierzyce zur Abfahrt fertig gemeldet. Eine P 4²-Lokomotive, wie sie unser Bild 35 zeigt, hatte sich vorgespannt, ihr Heizer sorgte fleißig für Dampf, und pünktlich gegen 9 Uhr morgens setzte sich der Zug in Bewegung. Er war schwach besetzt, erst unterwegs nahm die Zahl der Fahrgäste zu. Man hielt in Sliwniki, dampfte weiter nach Ocionz, wo die Kleinbahn aus Moltkesruhm weitere Fahrgäste herangebracht hatte. Eine Anzahl Landleute stieg zu, darunter Männer und Frauen, welche kleine Ferkel in Körben mit sich führten, die sie offenbar in Ostrowo auf den Markt bringen wollten. Vielleicht war gerade Ferkelmarkt, Zugführer Hentschel konnte das natürlich nicht wissen, wie sollte er auch? Dazumal war es noch gestattet, Kleintiere, also auch Ferkel, als Traglasten in die Vierteklassewagen mitzunehmen. Erst ab 1. 2. 1922 wurde diese rosige Fracht verboten und auf

Eilgut- oder Gepäckbeförderung verwiesen. Man war eben bei der alten Eisenbahn nicht zimperlich.

Die Mädchen und jungen Frauen jener Zeit, insbesondere die wegen ihrer Schönheit berühmten Polinnen, entsprachen einem Ideal, an das der ältere Mann heute mit Wehmut zurückdenkt, besonders, wenn er sie mit den hohlwangigen, farbbekleckten Hungergesichtern und den mit Haut überzogenen Knochengerippen vergleicht, die eine verirrte Welt heutigen Tages mit dem Begriff „schön" bezeichnet.

So musterte auch unser Zugführer Hentschel mit Wohlgefallen die drei oder vier schmucken, barfüßigen Weiblein, als sie mit ihrer quiekenden Last ins Vierteklasseabteil kletterten. Erteilen wir ihm selbst das Wort zur Schilderung der weiteren Ereignisse, wie ich sie nach so langer Zeit noch in Erinnerung habe.

„In den beiden Vierteklassewagen ging es allmählich recht gemütlich zu. Die jungen Weiblein schwatzten, was das Zeug hielt, die Männer pafften blauen Dunst aus ihren Pfeifen, und auf dem Boden türmten sich Kästen und Körbe, in denen es nach allen Tonarten quiekte, zappelte und rumorte. Weiß der Himmel, wo die mit all dem Viehzeug hinwollten. Die meisten stiegen gewöhnlich in Ostrowo aus, andere fuhren weiter bis Rawitsch. Unter den Männern befand sich des Sommers über auch so mancher Sachsengänger, wie die polnischen Landarbeiter genannt wurden, die ins Reich fuhren, um sich dort als gern gesehene Helfer einen Pfennig Geld zu verdienen.

Wir rumpelten also munter und guter Dinge weiter, hielten in Czekanow, wo noch ein paar Reisende mit Hühnern bereit standen, die Menagerie voll zu machen. Inzwischen drückte die Sonne arg auf das Land, in den Wagen stand eine Hitze, die sich mit mancherlei lieblichen Düften des vorhandenen Kleintierzoos vermischte.

Jetzt müßt ihr wissen, daß Ostrowo ein Knotenpunkt ist und einen größeren Bahnhof besitzt. Dort halten auch die Schnellzüge, eine Betriebswerkstatt befand sich dort, wo unsere P 4-Lokomotive hingehörte. Die von der russischen Grenze herankommende Strecke führte in großem Bogen in den Bahnhof hinein, der Zug polterte jedesmal über eine Anzahl Kreuzungen und Weichen, ehe er sein Bahnsteiggleis erreichte. Das ging nicht ohne Stöße und Rucke ab und mit gemischten Gefühlen dachte ich dabei an die aufeinandergestapelte Tierwelt, die samt ihren zweibeinigen Besitzern in den beiden Vierteklassewagen hinten im Zuge reiste. Irgendwie stieg eine bange Ahnung bevorstehender Ereignisse in mir auf, und in Ostrowo stand ich bereits in der Tür meines Packwagens, argwöhnisch den Zug beobachtend, was da wohl geschehen würde. Auf dem Bahnsteig warteten die Reisenden, die hier zusteigen wollten.

Da passierte es. Ausgerechnet an diesem Tage mußte der Lokführer seinen letzten Bremsstoß zu hart anlegen, vielleicht hatte er Angst, zu weit den Bahnsteig nach vorn zu fahren. Tatsache ist jedenfalls, daß der Zug mit einem kräftigen Ruck zum Stehen kam. Ich konnte mich eben noch rechtzeitig im Türrahmen festhalten.

Ich sprang heraus. Die auf dem Bahnsteig wartenden Fahrgäste rissen die Türen auf, wie das so zu gehen pflegt — prallten jedoch mit entsetztem Schrei zurück. Aus den Türen des letzten Vierteklassewagens purzelten, kullerten, zappelten eins — zwei — drei — vier — fünf — sechs — sieben kleine Ferkelchen heraus, rappelten sich unten auf dem Bahnsteig wieder auf die Beine und rasten, als wenn der Metzger mit dem Messer hinter ihnen her wäre, quiekend nach allen vier Richtungen davon, gefolgt von ihren schreienden Besitzerinnen, die mit geschürzten Röcken, so schnell sie konnten hinterherstürzten, um die kleinen Ausreißer wieder einzufangen. Das erwies sich als gar nicht einfach, besonders in Anbetracht der Gefahren, denn leicht konnte ein Zug kommen und das größte Malheur geschehen. Aber zunächst stand uns, die wir zuschauten, das Lachen näher als die Sorge. Bub, stell Dir das Schauspiel vor: Ein Personenzug am Bahnsteig — 's war nur ein einfacher Perron ohne Dach und ohne Unterführung zum Empfangsgebäude, man schritt einfach über die Gleise — auf den Gleisen tobten nun die Schweinchen nach allen Richtungen auseinander, gefolgt von ihren Bewacherinnen, die in den kräftigsten Tonarten schimpften, auch einen kleinen Schrei ausstießen, wenn sie barfüßig über den Schotter sprangen, der ja zarten Füßen nicht recht zuträglich ist. Das war ein Durcheinander, ein Gewirr, ein Geschrei, ein Rufen und Locken, das schwirrte umher von „psiakrew", „piorunów", „diabla", „do licha", „gówno", „do kata" und wie der polnischen Kraftausdrücke mehr sind, deren Bedeutung ich hier aus reiner Nächstenliebe zur Ehrenrettung der hübschen Polenweiblein, deren zarten Mündern Du vielleicht derartige Worte nicht zutraust, verschweigen will. Schließlich beteiligte auch ich mich an der Jagd, es mußte ja etwas geschehen, denn in die polnischen Flüche mischte sich das Himmerherrgottsakrament des Aufsichtsbeamten hinein, der zornrot im Gesicht, die Panik noch verschlimmerte, weil er den Anschlußzug hereinlassen mußte, dessen ungeduldige Pfiffe wir draußen vor dem Signal hören konnten. Ich hätte auch nie geglaubt, zu welcher Geschwindigkeit so ein Ferkelchen, aber auch zu welch sportlicher Leistung ein junges Landmädchen fähig sein könnte. In das Tohuwabohu mischte sich nun auch noch das Gekreisch des ausgeladenen Federviehs, das durch den Lärm verängstigt gern das Weite gesucht hätte.

Ich will's kurz machen. Mit viel Mühe und einem strategisch ausgeklügelten Umzinglungsmanöver gelang es schließlich unter tatkräftiger Hilfe einiger Rottenarbeiter, die gerade in der Nähe schippten, die sieben Ausreißer wieder einzufangen. Eines mußten wir unter dem Lokomotivtender hervorziehen, wohin es sich, total verängstigt, versteckt hatte. Traurig sah es der Heizer entschwinden, dem beim Gedanken an ein auf dem Schüreisen lecker gegrilltes Ferkel das Wasser im Munde zusammengelaufen war. Ein anderes mußten wir aus der Müllgrube ziehen, in die es hineingepurzelt war. Aber endlich hatten die Weiblein alle Schützlinge beisammen, die Spannung legte sich, auf das Geschrei folgte ein Gekicher, Gelächter und Geschwatz, und dabei dampften sie alle vor Hitze und Männlein und Weiblein lief das Wasser in lustigen Bächen über das Gesicht und wohl noch eine Strecke weiter hinunter. Die Aufsicht konnte den Anschlußzug hereinlassen. Die Ferkelbesitzer verluden die lieben Tierchen wieder in die Körbe und marschierten schwatzend, lustig und guter Dinge durch die Sperre zum Bahnhof hinaus.

Ja, so war das damals in Ostrowo im polnischen Land. Warum ich dir, Bub, die Geschichte erzähle? Weil ich heute noch jedesmal mit Schmunzeln an Skalmierzyce denke. Dort gab es noch öfter Spaß. Gewiß, wir waren Preußen, und die Pflicht stand uns Beamten allem voran. Aber dennoch, es ging gemütvoller zu auf der alten Eisenbahn. Man war lustiger, unbefangener, natürlicher, ja — es will mir scheinen, nachdem ein so schrecklicher Krieg hinter uns liegt, als sei die Menschheit damals — ein ganzes Teil glücklicher gewesen."

★

Ist nicht in jedem von uns die Erinnerung an das Eisenbahn-Jahrhundert noch lebendig? Die ganz Jungen vielleicht ausgenommen, die Generation, die bereits mit Auspuffgasen und aufheulenden Motoren groß geworden ist, für die die Eisenbahn nicht mehr als ein museales Relikt bedeutet, aus einer Zeit zurückgeblieben, in welcher man die Segnungen dessen, was heute Fortschritt heißt, noch nicht wußte. Die Spielwaren-Industrie zeigt in ihren Modelleisenbahnen vielfach Fahrzeuge, die der Käufer in natura nie zu sehen bekam. Super-Perfektionismus läßt für die Phantasie allerdings kaum Spielraum, aber — man beschäftigt sich doch wenigstens noch damit, macht „tsch-tsch-tsch", wobei sich mit jenen Zischgeräuschen nur noch eine unklare Vorstellung von der Wirklichkeit verbindet.

Blickt man heute zurück und läßt die Eindrücke der eigenen Jugend noch einmal vor dem geistigen Auge vorüberziehen, so wird immer wieder deutlich, daß bereits in den zwanziger Jahren der Glanz des Eisenbahn-Jahrhunderts zu schwinden begann. Damals drückten wir Buben uns die Nasen an den großen Schaufensterscheiben der Autohändler platt, um den neuesten Ford oder Opel, den Chrysler oder Mercedes, wenn nicht einen Horch, zu begutachten. Stand ein solches Vehikel an der Straße geparkt, so mußte der Schulweg soviel Zeit hergeben, einen Blick auf den Tachometer im Innern zu werfen, wieviel denn darauf angegeben sei, wobei die Zahl 120 schon fast eine magische Bedeutung gewann. Oft hörte bei 80 km/h das Angebot auf. Unter den Buben der zwanziger und dreißiger Jahre gab es weit, weit mehr Auto- und Flugzeugfreunde als Eisenbahninteressenten. Startete das Luftschiff „Graf Zeppelin" zu einem Flug, stand man schulklassenweise am Bordstein, das Wunderding zu erwarten. Und das Flugboot DO-X erregte Aufsehen und Sympathie in einem Umfang, wie sie die modernste Lokomotive nie zu erzielen vermochte. Die Jungen der frühen zwanziger Jahre mögen die letzten gewesen sein, die noch Lokführer werden wollten. Dann galt Flugzeugführer oder Rennfahrer als Traum der Jugend und die Nazis unterstützten später durchaus solche Wünsche.

Ich bin früh mit der Eisenbahn in Berührung gekommen, da Verwandte und Bekannte nur mittels einer Bahnreise zu erreichen waren. Sofern wir nicht die Kleinbahn benutzten, um den väterlichen Großelternteil zu erreichen, war es der dem Geldbeutel meiner Eltern angemessene „beschleunigte Personenzug", der uns während der Ferien zum mütterlichen Elternteil brachte. Die Wohnung „an der Bahn" trug ein übriges dazu bei, das Interesse am Schienenverkehr immer mehr zu steigern.

Schwere Krankheit hatte mich im Jahre 1926 an das Bett gefesselt, man sprach von Diphtherie, und der Sensenmann warf wohl bei seinem Rundgang im Krankenhaus einen flüchtigen Blick auf das Bett des röchelnden Jungen. Indes kam der Tag der Genesung und der Entlassung aus dem Spital. Die großen Ferien waren zur dringend nötigen Erholung ausersehen, und zur Belohnung für braves Gesundwerden sollte die Fahrt zu den süddeutschen Großeltern im Schnellzug angetreten werden.

Nur der Ältere wird ermessen können, wie dieses Wort einem Bub aus einfachen, bürgerlichen Verhältnissen ins Ohr ging.

Mit einem Schnellzug!

Es gab doch ganz wenig Auserwählte des Kameradenkreises, der Schulklasse, denen eine solche Bevorrechtung zuteil wurde. Allein die Tatsache des Verreisens galt bereits als Extravaganz, die den Neid der Daheimbleibenmüssenden herausforderte.

So kam jener heißersehnte Tag der ersten Fahrt mit dem Schnellzug D 42, Berlin — Frankfurt (M) — Basel heran. Die Lokomotive des Zuges erschien dem Beschauer wohl doppelt so groß als jene des simplen Personenzuges. Und dann die Wagen mit ihrem Seitengang, nie vorher gesehen, ja nie gewußt. Das Staunen setzte sich fort bei näherer Inspektion des Fahrzeuges, beim Betrachten der Ersteklasseabteile mit ihren roten Plüsch-Polstern und Spitzendeckchen. Wie „fein" mußten die Leute sein, die sich eine Reise in solchem Luxus leisten konnten. Das Staunen des Buben wuchs ins Unermeßliche, als der den Gong schlagende Speisewagen-Ober „Platz nehmen zum Mittagessen" befahl.

Das Erlebnis einer Fahrt gestaltete sich damals viel intensiver, viel packender als heute eine Reise im teuersten Luxusautomobil. Auch im Zugverkehr sah vieles anders aus. Die Fahrt mit dem D-Zug dauerte kaum eine halbe Stunde, als ein wichtiger Bahnknotenpunkt erreicht war. Der Blick aus dem Abteilfenster fiel auf Bahnsteigdächer, auf vorüberhastende Reisende, auf Wagen und dampfende Lokomotiven. Minutenlang wurde unsere Reise unterbrochen, um den Flügelzug aus Leipzig zu erwarten. Und der Name dieses Ortes pulsierender Eisenbahn-Atmosphäre? — Corbetha! — Wer kennt es noch? Es ist so wenig mehr bekannt wie Kreiensen, Sommerfeld, Gemünden oder Ducherow.

Wer erinnert sich noch an jenes so ganz eigene Bahnhofsfluidum, wenn das Leben zur offenen Abteiltür hineinbrandete. Die Reisenden suchten voller Aufregung ihren Platz, während auf dem Bahnsteig Bedienstete sich wichtige Anordnungen zuriefen, der Würstchenmann seinen Karren von Fenster zu Fenster schob und „Heiße Würstchen" anpries, während Bücher, Zeitungen und bunte Illustrierte oder Bier und Limonade von dienstbaren Geistern feilgeboten wurden. Dazwischen die kleinen Szenen, wenn noch während der Abfahrt des Zuges eine Flasche Limonade durchs Fenster gereicht wurde, wohl auch das Kleingeld unter den Zug rollte oder ein wachsamer Verkäufer sein Glas in schnellem Spurt zurückforderte. Überall Glockenklang, Pfiffe, Gerassel, Begleitmusik des Verkehrsmittels Eisenbahn, verwirrend in ihrer Disharmonie und doch auch wieder von eigenem Zusammenklang. Geläutet wurde von Beginn des Eisenbahnzeitalters an laut und häufig. Da war nicht nur der die Glocke schwingende Bahnsteigportier, mit der er den Zug ankündigte, nicht nur die Glocke am Dienstraum des Aufsichtsbeamten, mit welcher der Zug abgeläutet wurde. Nein, überall schlugen die Läutewerke der Lokomotiven, klang harmonisches Bimm-baum von den beschrankten Bahnübergängen und Stellwerken. Das akustische Meldewesen hatte sich weitgehend bis zu Beginn des Zweiten Weltkrieges gehalten. Schließlich noch die Auspuffschläge der anfahrenden Lokomotiven, aus allen Richtungen aufbrandend, ungeliebt von vielen, unvergessen von wenigen, dennoch wohltönend im Vergleich zu jenem gräßlichen, teuflischen Aufheulen des Vergasermotors, das unsere Mitmenschen so fasziniert. — — —

Fast scheinen es Blitzlichter zu sein, die diese oder jene Episode in das Gedächtnis zurückrufen, die plötzlich auftauchen und im Entstehen wieder verblassen, wie Schemen einer Zeit, die so lange zurückliegt und doch immer wieder aufersteht, als wäre es gestern gewesen.

Die Väter zweier Schulkameraden gehörten zu den vom Schicksal Begünstigten, denn sie waren Lokomotivführer. Engelmann hieß der eine, Fichtner der andere. Da avancierte der letztere plötzlich turmhoch über den anderen, wie wir in unserem törichten Sinne meinten. Das Bahnbetriebswerk hatte neue Schnellzuglokomotiven von der ehemals Bayerischen Staatsbahn übernommen. Sie kamen aus Nürnberg und Würzburg und Lokführer Fichtner durfte eine dieser bayerischen Wundermaschinen fahren. Trotz Auto und Flugzeug stand Fichtner junior plötzlich bei einem Teil der Klasse im Mittelpunkt des Interesses, welches er genüßlich auskostete. Schließlich erfuhr der Zeichenlehrer davon, schlug Kapital aus der Affäre, zwei Stunden wurden zusammengelegt, und die ganze Klasse marschierte mit Zeichenblock, Bleistift, Farbkasten und Schemel zum nahegelegenen Bahnbetriebswerk, wo verständnisvolle Beamte das Wundertier mit der Nummer 18 446 in Positur gestellt hatten. Daraufhin strichelte und pinselte ein Haufen Halbstarker mit Vehemenz drauflos. Die Begeisterung mußte zwar mehrfach fehlendes Talent ersetzen. Nutznießer des Geschehens blieb der Zeichenlehrer, dem man das Prädikat „dufte" zusprach. Ein jeder, der selbst einmal die Schulbank gedrückt hat, wird wissen, daß Pennäler mit solchen Auszeichnungen nie sehr freigebig umgegangen sind.

Oder das Schulfest des Jahres 1931! Als sich die hohe Direktion etwas ganz Besonderes einfallen ließ und die gesamte Schule per Sonderzug in den Harz transportierte. War das ein Ereignis in jener Krisenzeit! Eine Güterzuglokomotive der Baureihe 56²⁰ schleppte eine lange Reihe von ehemals preußischen Abteilwagen mit 700 Schülern — von Sexta bis Oberprima — und der dazugehörigen Zahl von „Paukern" in die Stille der Harzberge, wo es alsbald nicht mehr still zuging, vielmehr Old Shatterhand und Winnetou sich auf die Fährte der räuberischen Ogellallahs hefteten. Für die Fahrt brauchte die 56²⁰ zweieinhalb Stunden, denn ihre größte Geschwindigkeit lag ja nur bei 65 km/h. Wer mag sich heute noch an solch einen Zug mit lauter fröhlichen, singenden Kindern erinnern? Die allenthalben aus den Fenstern winkten und wohl auch einmal einen Apfelgriebs vorwitzig hinauswarfen, dort, wo sie nicht sollten. Kaum hatte sich der Zug in Bewegung gesetzt, da wurden schon die Schmalzstullen ausgepackt — „Fettglandern" in der Heimat genannt. Ihre Spuren gingen oft nicht „in Äonen" unter, verhalfen vielmehr den Beteiligten zu einer unerwartet heftigen Begrüßung durch die Mutter nach Rückkehr. Die Besitzer von Wurstbroten gehörten zur Crème de la Crème jener Zeit. Völlig auf Distanz gaben sich die Oberprimaner durch die aufreizend zur Schau gehaltene Zigarette. Im Bahnhof Frose wurde „Kopf" gemacht, die Lok flitzte ans andere Ende des Zuges, während der Vorbeifahrt an den Wagen mit jubelndem Hallo begrüßt. Die Dilettanten unter den Insassen rätselten, was das wohl für eine hochmoderne Schnellzugmaschine sei, die man für den Schülerzug ausgewählt habe.

Abermals eilen die Gedanken weiter und rufen eine neue Episode ins Gedächtnis zurück: Die erste Fahrt nach Berlin. Nirgendwo als in unseren großen Städten konnte man das Eisenbahn-Jahrhundert in seiner Grandiosität intensiver erleben wie etwa in Stuttgart, München, Hamburg, Frankfurt, Berlin mit ihren Kopfbahnhöfen.

Berlin — das hieß nicht einfach ankommen, das bedeutete vielmehr über ein Gewirr von Eisenbahnstrecken, über Dämme, Unterführungen, Brücken, an Abstellbahnhöfen vorbei, an Lokschuppen, langen Wagengarnituren und vorbeirauschenden elektrischen S-Bahnzügen einen Weg über ungezählte Weichen, Kreuzungen, Abzweige in jene Halle finden, deren steinerne Tore den Begriff des Hofes und damit der Ruhe nach der Erscheinungen Flucht geradezu versinnbildlichten. Wie wurde das empfängliche Gemüt des jungen Menschen durch dieses Eisenbahnkonzentrat angesprochen. Doch stellte die Ankunft auf dem Anhalter Bahnhof nur den ersten Akt dessen dar, was den Besucher nach Verlassen des Gebäudes in der Stresemannstraße empfing. Ein Menschengewimmel, das dem Fremdling den Eindruck vermittelte, aus einem stillen Dorf hinter den Bergen zu kommen, daß er nicht wußte, wohin er seine Blicke zuerst lenken sollte, auf die vorbeibrausenden Autos, deren Zahl damals schon erdrückend wirkte, oder auf die in ununterbrochener Folge daherrollenden Straßenbahnzüge, zwei, drei, vier hintereinander im Abstand von zehn oder zwanzig Metern. Die Fahrt zu dem Cousinchen, das es zu besuchen galt — es wohnte in Neukölln — führte mit der Straßenbahn an den Pfeilerreihen der Hochbahn entlang, auf der die Züge dahindröhnten und den Fremdling unwillkürlich den Kopf einziehen ließen. Da wandelten plötzlich zwei Meter hohe Zigaretten, vier, fünf hintereinander neben dem Straßenbord einher, in denen Männer steckten, die sich ein paar Pfennige verdienen wollten. Juno, Eckstein oder Kurmark stand in fetten Lettern rundherum geschrieben. Irgendwo wurden Luftballons verteilt, oder man trug Schilder spazieren mit der Aufschrift, daß das Haus Müller und Co. die billigsten Preise der ganzen Stadt böte. Da lief einer auf Stelzen einher als Reklame für Schuhcreme während an der nächsten Ecke die Heilsarmee fromme Lieder vortrug. Turbulenz einer Stadt, die dem arglosen Jüngling die Augen flimmern machte.

Potsdam mußte besichtigt werden. Die Fahrt nach dort erfolgte mit dem Dampf-S-Bahnzug auf der Wannseebahn. Sie hat mich fast noch stärker beeindruckt, saßen wir doch in den bekannten kurzgekuppelten preußischen Abteil-S-Bahnwagen, geführt von der ehemals preußischen T 12-Tenderlokomotive. Donnernden Auspuffschlägen der anfahrenden Maschine, schneller und schneller werdend, folgte in kurzer Zeit bereits das kreischende Anlegen der Bremsklötze, um nach kurzem Halt abermals in ein flinkes Losbrausen überzugehen — das in ununterbrochen scheinender Folge. Man muß ihn einfach erlebt haben, den Dampf-S-Bahnzug, um jene Epoche mit ihren Glanzlichtern voll würdigen zu können. Wie ein Traum verlief die Reise, oder wie ein Spuk. Erst als der Zug die Bahnhofshalle verließ, der Heimat zustrebend, als das Häusermeer entschwand und die weite märkische Landschaft mit ihren stillen Dörfern uns wieder aufnahm, da fiel die Anspannung dieser Tage allmählich wieder von mir ab. Heute bin ich glücklich, daß es mir vergönnt war, einen letzten Abglanz vom Höhepunkt des Eisenbahn-Jahrhunderts erlebt zu haben.

*

Seit dem Bau kleiner billiger Kraftwagen, so des DKW-Reichsklasse im Jahre 1933, des Opel Olympia im Jahre 1936, und erst recht des Volkswagens von 1938 waren die Tage des Eisenbahn-Jahrhunderts auch in Deutschland gezählt. Der Bau von Hitlers Autobahnen stellt nur eine logische Konsequenz der Entwicklung dar.

Daran ändern die schönen Erfolge der Deutschen Reichsbahn in der zweiten Hälfte der dreißiger Jahre nichts mehr, so das Anlaufen des Schnellverkehrs vermittels drei- und vierteiliger Diesel-Schnelltriebwagen oder die allgemeine Beschleunigung der Reise- wie auch der Güterzüge seit 1935. Im Zweiten Weltkrieg schließlich war die Bahn unentbehrlicher den je. Damals rächte sich die verfrühte Überbewertung der Straße gegenüber der Schiene. Auto und Panzerwagen zeigten sich wohl für den Vormarsch geeignet, der gesamte Nachschub oblag jedoch den Eisenbahnen. Vom Nachschub aber hängt Gedeih und Verderben der kämpfenden Truppe ab.

Transportiert wurden neben den Gütern auch die Menschen; Fahrgäste oder Reisende gab es nicht mehr, es existierten nur noch Menschenmassen, die von einer Front zur anderen, von der Front in die Heimat und umgekehrt befördert werden mußten.

Spezielle Urlauberzüge für Soldaten hatten sich schon im Ersten Weltkrieg bewährt, sie erlebten 1939 eine Neuauflage und gingen unter der Bezeichnung SFR — Schnellzug für Fronturlauber — in die Geschichte des Zweiten Weltkrieges ein.

Es wird wenige unter den älteren Lesern dieses Buches geben, in denen bei dieser Bezeichnung nicht ein Gefühl des Unbehagens aufsteigt. Lassen wir trotzdem jene für damalige Verhältnisse segensreiche Einrichtung noch einmal vor unserem geistigen Auge passieren, zumal ein jeder, der den Soldatenrock trug, irgendwann mit ihnen zwangsweise Bekanntschaft schloß. Sie stehen am Ende des Eisenbahn-Jahrhunderts, ein Ende, wie es diese so entscheidende Epoche der Menschheitsgeschichte eigentlich nicht verdient hat.

Dezember 1944 — der Kriegsschluß schien absehbar, wenn auch die Gerüchte von der Wunderwaffe, die das bedrohliche Schicksal in letzter Minute entscheidend wenden würde, in aller Munde umgingen. Die Fronten, einst weitab gelegen und nur mit Mühe auf dem Schulatlas auffindbar, waren beängstigend nahe gerückt. Die feindlichen Heerscharen rüsteten zum Angriff auf unser eigenes Land, uns das heimzuzahlen, was wir Jahre vorher den Nachbarn zugefügt hatten. So schwankte die Stimmung der Menschen zwischen Weltuntergang und Endsieg. Der Volkssturm war aufgeboten worden, die Heimat zu schützen, Kinder und Greise stellten sich als Hitlers Geheimwaffe heraus.

Ich hatte einen dienstlichen Auftrag in die Heimat erhalten, wichtige Ersatzteile für wichtiges Gerät zu holen. Die Gelegenheit schien mir zu einem Abstecher nach Hause gerade recht. Die Rückfahrt sollte mit dem DmW 104 — D-Zug mit Wehrmachtteil — Berlin — Hannover — Hamm — Aachen erfolgen. In Hannover wollte ich zusteigen.

Mit meiner Kiste stehe ich auf dem Bahnsteig, der Abschied sitzt mir noch in den Gliedern, so wie vielen, die gleich mir auf dem überfüllten Bahnhof warten, warten auf den Transport nach Zielen mit ungewisser Wiederkehr, warten auf das Ende dieses wahnsinnigen Krieges, der sich selbst ad absurdum geführt hat.

Wenige Zivilisten, um so mehr Soldaten aller Waffengattungen belagerten die Bahnsteige dieses großen Bahnhofes, der von den Wunden der Bombenangriffe schwer gezeichnet ist, auf dem Bretterverschläge allenthalben die Blößen decken, wie sie dieses erbärmliche Jahrzehnt kennzeichnen.

Mit zehn Minuten Verspätung läuft der DmW 104 an den Bahnsteig, ein langer Zug, aus einer Garnitur aller möglichen Wagentypen bestehend. An der Spitze dampft eine 01 — der Eisenbahnfreund weiß diese Typenbezeichnung einzuordnen. Trotz des Ansturms auf die Wagen, trotz des Gedränges und Geschiebes gelingt es mir, einen Fensterplatz im ersten Wagen gleich hinter der Lok zu ergattern, ein Packwagen steht nicht dazwischen. Das Abteil füllt sich mit einer bunten Gesellschaft, schließlich hocken acht Mann dicht gedrängt, schwitzend, rauchend, essend, schimpfend, schlafend, lesend mit Bergen von Gepäck beieinander, auf Stunden durch das Kriegsschicksal zu einer Gemeinschaft zusammengewürfelt. Keiner kannte den anderen, aber zum Schluß würde man sich gegenseitig ein „Mach's gut" zurufen oder ein „Hals- und Beinbruch".

Es ist heiß im Abteil, man verübelt mir nicht, daß ich das Fenster öffne und hinausschaue in den diesigen, trüben Dezembertag. Die 01 hat abgekuppelt und ist verschwunden, mit schwachen Bremsstößen schiebt sich eine alte preußische Schnellzuglokomotive, Reihe 17^2, Dreizylinder-Heißdampf, Baujahr 1914, die nun schon den zweiten Krieg durchsteht, an den Zug. Ein leichter Ruck, der Rangierer tritt in Funktion, ein Faktotum undefinierbarer Nationalität. Denn das Bahnpersonal besteht aus Greisen, Frauen und Ausländern. Die Männer im besten Alter verrichten an den Fronten Dienst oder liegen in Rußland begraben. Bremsprobe — Luft zischt auf, ein Routinevorgang ob im Frieden oder im Krieg. Endlich pfeift es hinten am Bahnsteig, unsere Fahrt kann beginnen. Ein schwacher Ruck im Wagen, ein Ächzen der ermüdeten Federn, langsam, ganz langsam setzen wir uns in Bewegung. Draußen hallen die Auspuffgeräusche der alten Maschine, Dreivierteltakt, doch wer nimmt schon von solchen Dingen Notiz?

Der Zug rumpelt über Weichen, an Wagenreihen vorbei. Hier eine Bretterbude, dort ein Befehlsstellwerk in einem aufgebockten Güterwagen. Und rechts und links Ruinen und nochmals Ruinen. Aus den Fenstern des Continental- Gummiwerkes gähnt das Grauen, als unser Zug die lange Front entlangkeucht, die das Geräusch der schwer arbeitenden Maschine lautstark reflektiert.

Nach kurzer Zeit schon erscheint die Zugstreife im Abteil, die übliche Kontrolle der Papiere beginnt, die nie ohne Ärger, ohne Kritik und ohne Geschnauz vorübergeht. Sie gehören zu den bestgehaßten Männern dieser Erde. Irgendeiner hat gewiß den Urlaub überschritten oder es fehlt ein Stempel, ein Entlausungsvermerk oder die Abmeldebestätigung des Heimatortes. Wer heute, 28 Jahre später die Grenze nach einem Staat hinter dem Eisernen Vorhang überschreitet und dort mit Maschinenpistolen wie ein Verbrecher empfangen wird, gewinnt etwa ein Bild jenes Vorgangs, gehört doch die Kontrolle par excellence zu den Imponderabilien des Totalitarismus, besser — zu den Abscheulichkeiten des Mondflugzeitalters.

Auch das geht vorüber. Die Landser schimpfen wieder, manch böses Wort fällt schon in jenen Tagen, aber dann geht man zur Tagesordnung über, packt sein Kommißbrot aus, arbeitet mit dem Messer daran herum, streicht billige Margarine darauf — wer Gummikäse besitzt, zählt zu den Wohlhabenden des Staates — oder fuhrwerkt mit dem Seitengewehr an der „Eisernen Rations-Büchse".

Schneller wird die Fahrt, unsere 17^2 hält sich wacker. Zwar schlägt das Kreuzkopflager an der rechten Gleitbahn, und mehr als 80, 90 km/h sind es wohl nicht, die sie erreicht. Höhere Geschwindigkeiten werden sowieso nicht mehr zugelassen. Wunstorf fliegt draußen vorbei, dann Haste. In Stadthagen der erste Halt — ein geschlossenes Signal. Ich schaue aus dem Fenster und kann den Lokführer beobachten, wie er nach dem Zugführer Ausschau hält. Dieser turnt den Schotter entlang, ein alter Mann, der schon das Pensionsalter überschritten hat.

Er stolpert zum Fernsprechhäuschen, das schräg vor uns liegt. „Zugführer 104" höre ich ihn rufen während er die Muschel ans Ohr preßt, „was ist los?" Die Antwort scheint belanglos, er hängt ein und ruft dem Lokführer auf der Maschine zu: „Geht gleich weiter, ein Güterzug liegt vor uns!"

Der Flügel des Signals schwenkt in die Höhe, ein Pfiff, die herrlichen Auspuffschläge der Dreizylindermaschine brausen auf und lassen mich für Sekunden die Schwere der Zeit vergessen. Die Fahrt geht weiter. In Kirchhorsten rauschen wir an dem Güterzug vorbei, dann dröhnt unser Zug den Bahnsteig von Bückeburg entlang. Ohne Halt rollen wir dahin, von Zeit zu Zeit wird der röhrende Auspuff der Lok irgendwoher reflektiert, sonst dröhnen nur die zentimeterbreiten Schienenstöße an unser Ohr, der Wagen rüttelt und wackelt und hat wohl das Ausbesserungswerk seit Jahren nicht mehr gesehen.

In Minden erneut Halt. Abermals ein Telefonat, diesmal etwas länger. „Geht gleich weiter, scheint aber wieder 'ne Umleitung bevorzustehen." Der Lokführer nickt nur, ihm ist offenbar alles gleichgültig.

Der Zug soll über Bielefeld — dort ist der erste planmäßige Halt vorgesehen — nach Hamm laufen. Doch derartige im Fahrplan angegebene Laufwege haben in jenen Tagen des Bombenkrieges mehr theoretische Bedeutung. „Wer weiß, wo wir heute wieder landen," meint ein Soldat. „Ist doch egal," brummt ein anderer, „jeder Umweg rettet uns ein paar Stunden vorm Heldentod."

In Bad Oeynhausen abermals ein geschlossenes Signal. Das Gespräch dauert lange. Dann hängt der Zugführer ärgerlich den Hörer ein. „Umleitung Löhne — Osnabrück, hinter Gohfeld auf den Abzweig. Sie sollen bis Osnabrück dran bleiben, von Löhne bis Osnabrück ohne Halt!"

„Meinetwegen", so die lakonische Antwort.

Also da hätten wir's. Irgendwo war die Strecke zerstört, hatten feindliche Bomber ihr schauriges Werk verrichtet, der Zug mußte über eine andere Strecke geführt werden.

Der Auspuff der anfahrenden Lok schallt ins Abteil. Draußen drängelt sich der Zugführer den Seitengang des Wagens entlang, an stehenden, sitzenden, liegenden Landsern vorüber. „Reisende nach Bielefeld in Löhne umsteigen." — „Reisende nach Bielefeld in Löhne umsteigen!" Und immer wieder, nun schon entfernter — „— — Bielefeld — — Löhne umsteigen."

So geht das in jener Zeit. Einer aus unserer Mitte rappelt sich auf, kramt fluchend und schimpfend seine Siebensachen zusammen und tappt über die ausgestreckten Beine der Schläfer zur Tür.

In Löhne Halt, Verhandlungen zwischen der weiblichen Aufsicht und dem Zugführer. Dann geht es weiter in den trübseligen Dezembernachmittag hinein. Unsere Lok hat es plötzlich eilig. Offenbar ist die Strecke hier etwas besser in Ordnung.

Wenn ich aus dem Fenster schaue, sehe ich die Kuppelstange an den hohen Treibrädern entlangschwingen. Und bei jeder Umdrehung „klackt" sie zweimal auf der Gleitbahn, Begleitmusik des nahen „Endsieges". Doch dann fliegen Kohle- und Rußstückchen umher, so daß ich mich schnell wieder in das Abteil verkrieche, so wie man sich für den ungewissen Rest dieses Krieges verstecken möchte.

Schließlich erreichen wir Osnabrück, nunmehr ohne an geschlossenen Signalen warten zu müssen. Ich steige aus, mir ein wenig die Beine zu vertreten auf die Gefahr hin, daß von meinen Mitreisenden solches Tun als höchst unangebrachte Störung ihrer Ruhe betrachtet wird. Die Lok kuppelt ab und rollt dem Schuppen entgegen. Ich ahne nicht, daß ich hier zum letzten Male in meinem Leben eine 17² gesehen habe. Neugierig trabe ich an das andere Ende des Zuges, denn wir müssen nun wieder Richtung Ruhrgebiet fahren. Eben hat sich die neue Lok vor den Zug gesetzt. Es ist eine Maschine der Baureihe 41 vom Bw Wanne-Eickel, aber — so war das eben im Dezember 1944 — sie steht rückwärts vor dem Zuge, läuft also mit dem Tender voran. Offenbar ist sie gerade aus Wanne eingetroffen und muß, ohne Zeit mit Drehen zu versäumen, völlig außerplanmäßig den DmW 104 übernehmen.

Ich klettere in mein Abteil, das Herz schwer und die Gedanken voller Traurigkeit. Irgendwie fühle ich, daß hier eine Epoche zu Ende geht. Nur, was danach kommt, das steht in den Sternen geschrieben. Und ob man dieses Danach erleben wird, das wissen vermutlich noch nicht einmal die Götter, die in jenen Jahren sowieso überfordert waren.

Nun steht unser Wagen am Schluß des Zuges, ich höre nicht mehr das so geliebte Auspuffgeräusch der Maschine. Daß unsere Fahrt sehr rasant verlaufen wäre, kann ich beim besten Willen nicht behaupten. Mehr als 50 oder 60 km/h scheint die 41er nicht mehr herzugeben. Oder der Lokführer nimmt die Fahrt mit dem Tender voran auch in dieser Zeit noch sehr genau. Wir halten nicht, auch durch Münster rollen wir hindurch. Es wird finster, die Uhr zeigt bereits halb fünf des Abends, als wir schließlich in Wanne-Eickel Hbf einlaufen. Der Bahnhof ist abgedunkelt, nur Schatten sind zu erkennen. Der Schaffner hat sich vorhin wieder durch den Seitengang gezwängt: „Reisende nach Dortmund in Wanne-Eickel umsteigen!" Eintönig leiert er sein Verslein herunter.

Wir warten. Offenbar ist man sich nicht einig, was mit dem Zug weiter geschehen soll. Fünf Minuten verrinnen, zehn Minuten, eine Viertelstunde. Nun ist es völlig dunkel. Auf dem Nachbargleis läuft ein Personenzug ein. Von meinem letzten Wagen aus kann ich nur sein Schlußlicht sehen. Doch gehört kaum Phantasie dazu, an die Arbeiter zu denken, die dort vorn aussteigen, die Treppe hinunter nach ihren halb zerbombten Wohnungen eilen, denen diese Stadt Wanne-Eickel Heimat ist.

Aus dem Bahnsteiglautsprecher krächzt eine weibliche Stimme: „Achtung eine Durchsage. Reisende in Richtung Gelsenkirchen, Essen werden gebeten, aus dem in Gleis vier wartenden Zug auszusteigen. Ich wiederhole — — — ".

Aha, eine neue Umleitung. Wohin mochte die Reise nunmehr gehen? Die Eisenbahner improvisierten von Stunde zu Stunde.

Endlich ein Pfiff. Unser Zug setzt sich ächzend, mühsam, widerwillig in Bewegung. Ob noch immer die 41er aus Wanne vor dem Zug läuft? Vermutlich, denn von erneuter Bremsprobe war nichts zu spüren gewesen.

Wir rumpelten über Weichen, an verdunkelten Häusern vorbei, dann wieder Ruinen, eine große Kurve nimmt uns auf, irgendwo am Himmel Feuerschein von einem Hochofen, sonst alles finster, kein Lichtlein erleuchtet dieses Dunkel, das uns über das kriegerische Gebiet hinaus auch geistig erfaßt hat. Ein Bahnhof huscht vorbei, Wanne-Unser Fritz kann ich im Dämmerschein abgedunkelter Lampen mehr ahnen als lesen. Also fahren wir nördlich um Essen herum. In Gelsenkirchen-Bismarck wieder ein Abzweig. Dann poltern wir über eine Brücke, anschließend gleich ein weiteres Mal — Emscher und Rhein-Herne-Kanal kombiniere ich. Die Neugierde meldet sich, wo das wohl hingeht? Dann Bottrop Hbf und Osterfeld Süd. Schließlich laufen wir in Oberhausen Hbf ein, wo unser Zug mit knirschenden Bremsen zum Stehen kommt. Endlich haben wir unseren planmäßigen Kurs wieder erreicht, leider um zwei Stunden später. Es geht auf halb sieben Uhr abends.

Noch umgibt die gewohnte Unrast des Bahnhofes den Zug, noch drängen sich Soldaten durch die mit Gepäck verstellten Gänge, da — der wohlbekannte auf- und abschwellende Heulton der Sirenen — Fliegeralarm. Jetzt wird mancher Schläfer wach und schaut sorgenvoll zum Himmel. Was mochte das geben, hier, mitten im Kohlenpott, dem so geschätzten Angriffsziel des Feindes? Doch die alten Hasen rühren sich nicht, denen ist alles egal. Was soll's, brummen sie, und fügen noch etwas hinzu, was ein gewisser Herr Gottfried von Berlichingen vor einer Reihe von Jahren gesagt haben soll, oder sie murmeln einfach das, was der Franzose „merde" zu nennen pflegt, Ausdrücke, die zum Umgangston jener Zeit gehören.

Unsere Eisenbahner stört das nicht. Gleichgültigkeit macht sich überall breit. Heute ist es Essen, morgen Gelsenkirchen, übermorgen vielleicht Oberhausen oder Duisburg — wen's trifft, der hat Pech gehabt. Die Familie sitzt längst irgendwo im Münsterländischen auf einem Bauernhof evakuiert.

Abfahrtspfiff — wieder setzt sich der Zug in Bewegung. Doch wohin jetzt? Weichen klappern, eine Kurve, wir bekommen es plötzlich eilig. Ein Bahnhof — ganz finster — wie mochte er heißen? Flakfeuer blitzt auf, das Fahrgeräusch verschlingt den Knall — eine scharfe Rechtskurve — links die Umrisse eines Werkes — Hochöfen — Schornsteine, dazwischen Trümmer — die Blitze werden heftiger — irgendwo greller Feuerschein — plötzlich dröhnt eine Brücke unter uns auf — ein Fluß — welcher Fluß? Weichen, Kurve, fast wie auf der Geisterbahn, die uns während des Jahrmarktes so viel Spaß bereitet hat. Nur das Flakfeuer paßt nicht recht. Der Himmel wird heller — irgendwo werden Leuchtbomben gesetzt — aber es ist weiter im Osten — hier bleibt es ruhig, das Geballer der Flak nicht gerechnet. Aber das zählt schon nicht mehr sonderlich. Nun kann ich auch wieder ein Bahnhofsschild lesen, Mülheim-Speldorf. Die Fahrt wird langsamer, die Strecke steigt. Dann eine Kurve. Duisburg-Wedau. Der Lärm der Artillerie ist verstummt, nur das eintönige Fahrgeräusch bleibt. Der

Bombenangriff galt wohl einer Stadt weiter im Osten. Wir sind wieder einmal davongekommen.

Schließlich laufen wir in Düsseldorf Hbf ein. Zwei weibliche Bahnbedienstete unterhalten sich gerade, als ich aus dem Fenster schaue: „Is' was?" — „Nä — alles ruhig — se sinn drüber wech jeflochen. Bei uns kütt dat erst zu Mitternacht."

Vorn muß Maschinenwechsel sein. Die Männer vom Bw Wanne-Eickel sind auch nicht gerade zu beneiden. Sie sind mit ihrer Lok in einem völlig fremden Plan gelandet und müssen nun auf eine Leistung in Gegenrichtung warten. Wo aber würde diese hinführen?

Ich steige aus. Auf dem Bahnsteig das pulsierende Leben jenes Jahres 1944. Wenige Zivilisten — so hieß alles, was keine Uniform trug, ein wenig abfällig, ein wenig neidisch — aber immer wieder Soldaten aller Waffengattungen und Chargen. Dazwischen die Frauen vom Bahnhofsdienst. Sie hantieren mit Trinkbechern und schleppen Teekannen, als wäre soeben der Perserkönig Darius nach Durchquerung der Wüste eingetroffen. Manchmal will es scheinen, als hinge der Gewinn dieses Krieges vom Tee- oder Kaffeekonsum ab.

Der Lautsprecher ruft Anschlußzüge aus, die kein Mensch versteht. Es ist eine weibliche Stimme, eine Stimme mit jenem rheinischen Akzent, der immer etwas nach Karneval klingt, nach Jupp Hussels oder Joseph Schmitz. Wir sind um Duisburg herumgefahren, nun sollen Reisende nach dort irgendeinen Personenzug benutzen, der um soundsoviel Uhr von Bahnsteig sowieso abgeht. Was schert es mich? Ich gehe nach vorn. Ich habe Zeit, unendlich viel Zeit. Die große Gleichgültigkeit hat sich meiner bemächtigt.

Unsere Wanne-Eickeler 41er hat abgekuppelt, ich sehe sie gerade noch im Dunkeln verschwinden. Ein schmieriger Mensch steht unten auf dem Gleis am Wagen. Was mag das wieder für ein Landsmann sein? Franzose? Pole? Ungar? Finne? Russe? Weiß der Himmel, wer als Eisenbahner Dienst versieht.

Die neue Lok kommt angedampft und schiebt sich rückwärts an den Zug. Was für eine Type? Wir sind bescheiden geworden, vor den DmW 104 setzt sich eine Kriegslok der Baureihe 52, stößt sacht mit den Puffern an den ersten Wagen. Das Individuum unten im Gleis schließt die Luftschläuche an, hängt das Kuppeleisen ein und schraubt die Heizungsflansche aneinander. Die Luftpumpe auf der Lok arbeitet mit kräftigen Hüben, die Leitung zu füllen.

Von irgendwoher schreit es den altbekannten Ruf „Anlegen". Doch ich gehe zurück zu meinem letzten Wagen. Das Abteil hat sich geleert, wir sind nur noch zwei Mann. Ein alter Stabsgefreiter, der schon von Anfang an dabei war und den nichts aus der Ruhe bringen kann. Dazu ich, der — ja was bin ich eigentlich? Auch nur ein Mensch auf Abruf wie alle meine Zeitgenossen?

Ich sitze wieder an meinem Fensterplatz. Von fern heulen die Sirenen — Entwarnung. Auf dem Bahnsteig pfeift es, der Zug setzt sich in Bewegung, schwach höre ich den harten Auspuff der 52er Kriegslok. Wir zwängen uns in eine Kurve hinein, alsbald dröhnt die Wagenschlange über die Rheinbrücke nach Neuß, irgendwie noch ein Ziel zu finden. Es gab keines mehr im Dezember 1944. Die Umwege des Tages scheinen symbolisch für die Zeit. Jedermann hofft auf ein Ende, niemand vermag es sich jedoch vorzustellen, und irgendwie lastet die Furcht vor dem, was danach kommen würde, auf uns allen. — — —

*

Der Krieg schnitt eine Eisenbahnlinie nach der anderen ab, verkürzte hier, unterbrach dort, bis schließlich der Tag kam, an dem das letzte Quentchen Dampf einer Epoche gen Himmel säuselte. Egon Stieber, der als Amtmann der Österreichischen Bundesbahnen während des Krieges als Lokführer diente, hat uns diese letzte Stunde geschildert:

Vom siebenten auf den achten Mai 1945 versah ich auf dem am Ostermontag vollständig zerbombten Bahnhof Krems a. d. Donau Rangiernachtdienst. Die Amerikaner hatten damals bei einem einzigen Angriff wirklich ganze Arbeit geleistet. Es gab wenig Verschub. Wir standen mit der Lokomotive 93.1417 auf dem Straßengleis. Am 2. Februar 1945 hatte ich diese Lok aus dem Reichsbahn-ausbesserungswerk Gmünd geholt und machte mir das rechte Treibstangenlager ab Göpfritz-Döllersheim große Sorge, da es schon bei 60 km/h heißlief. Nun saß ich auf dem in Schweigen gehüllten Bahnhof, in mondscheinloser Nacht, im finsteren Schutzhaus der abgedunkelten Lokomotive auf dem Hängesitz. Der Heizer hatte sich, um etwas zu holen, auf kurze Zeit entfernt. Zur Linken wogte auf der Straße ein Strom von motorisierten Verbänden der Wehrmacht nach bei-den Richtungen. Die Scheinwerfer der Autos sandten ihre Kegel in das Dunkel. Brüllende Kommandostimmen in Altreichsdialekten übertönten das Gerassel der Fahrzeuge, deren Laternen die Häuserwände grell beleuchteten und dem Gegner die Bewegungen in geradezu aufreizender Weise anzeigten.
Der lag zur Rechten in und um Hollenberg, sieben km stromabwärts. Außer dem Aufheulen der Motoren herrschte Ruhe, nur ab und zu hörte man entfernt von Wagram die Unseren schießen und die Russen jenseits des Stromes ant-worten. Plötzlich überkam mich jedoch eine innere Unruhe und es drängte mich, von der Lokomotive zu steigen. Unerklärlich! Es lag doch kein Grund zur Be-ängstigung vor, es gab doch nichts zu befürchten. Der entfernte Geschützdonner war in der letzten Zeit, seit die Strecke Hadersdorf — Krems unter Artillerie-beschuß lag, längst eine vertraute Erscheinung geworden.
Ich kletterte also von der Lok herunter und begab mich zu einer anderen, um einen Kollegen zu sprechen. Der war augenblicklich nicht anwesend. Ein in Richtung Göttweig anhaltender, nicht zuckender Feuerschein veranlaßte mich, zum 90 Schritte von meiner Lok entfernten Stellwerksturm 2, dem einzigen erhaltenen Bauwerk des Bahnhofs, zu gehen, um oben von der außen herum-führenden Eisenstiege Ausschau zu halten und die Ursache des Feuerscheins zu ergründen. Kaum stand ich oben und spähte von der Plattform aus hinüber, als

seitlich des Göttweiger Berges siebenmal Mündungsfeuer aufblitzte, gerade gegenüber dem Bahnhof, es mochte fünf oder mehr Kilometer entfernt sein, eine Weite, für die der Schall etwa 15 Sekunden benötigte. Kurz nach dieser Beobachtung hörte ich auch schon aus der erwähnten Richtung heulend und pfeifend ein Artilleriegeschoß auf das Stellwerk zusausen. Weniger aus Angst als aus Vernunft rannte ich die Stiege hinab und dachte ganz kühl „jetzt hat's dich", zog die Schultern hoch und den Bauch ein und hockte einen grausigen Augenblick allein mitten in halber Höhe der Stiege. Da endete mit einem fürchterlichen Krach der Heulton, und bei meiner Lokomotive leuchtete eine Garbe glühender Punkte auf. Schon schlug ein zweites Geschoß ein. Der Fahrdienstleiter eilte mit noch jemand die Treppe herab, ich hetzte derweil weiter und schrie hinauf: „Rasch, es kommen noch fünf, siebenmal hat es geblitzt!"

Da landeten rechts und links vom Stellwerk bereits die nächsten Russengrüße. Wir deckten uns einstweilen hinter dem Stellwerksturm. Neue Lagen rauschten heran, darunter mehrere Blindgänger, deren Aufschlagen in unmittelbarer Nachbarschaft von uns deutlich wahrgenommen wurde. Zu Beginn des Beschusses war es gerade 23.10 Uhr gewesen. Mit ihm setzte das elektrische Licht aus, und das Telefon auf dem Stellwerk wurde mitten im Gespräch unterbrochen eben, als der Hilfszug von Krems nach Langenlois verlangt wurde.

Der Beschuß hörte bald wieder auf. Mein Heizer traf bei uns ein, der zur Lok zurückgekehrt war und mich dort nicht vorgefunden hatte. Er berichtete, daß die Fenster des Führerhauses in tausend Splitter zerschlagen seien. Er hatte das Führerhaus mit dem Feuerzeug abgeleuchtet. Wäre ich auf der Lokomotive sitzen geblieben, dann hätte ich gewiß manchen Splitter abbekommen. Das Verlassen der Lok aus unbestimmtem Gefühl bezeichnete einer aus unserer Reihe als eine Aufforderung meines Schutzengels.

Soweit die Verdunkelung eine Untersuchung der Lokomotive gestattete, ergab sich keine Beschädigung des Kessels oder der Wasserbehälter. Bei Beginn der Dämmerung aber zeigte sich die Wirkung des ersten Geschosses. Genau zwei Schritte vom Puffer oder drei Schritte von der vorderen Laufachse entfernt war das Gleis aufgerissen. Die Schiene ragte zu einem Halbkreis aufgebogen in den Himmel. Weil das Ausbessern des Gleises nicht zu erwarten war, unsere Lokomotive — wir standen auf einem Gleisstutzen — also nicht mehr herauskonnte, wurde „kalt" gemacht, das Feuer gelöscht. Ich begab mich arbeits- und loklos heim. Ich setzte mich ab, wie man das in der militärischen Terminologie nennt. Was sollte ich tun? Der Krieg war für mich zu Ende.

Um 4.40 Uhr wurde von der Wehrmacht die Kremser Eisenbahnbrücke gesprengt. Als ich nach 6 Uhr den über einen halben Kilometer langen Goldbergtunnel durchschritt, traf mich der Luftdruck einer Sprengung, in der ich richtig jene der 375 m langen Stein-Mauterner Straßenbrücke vermutete.

Flüchtlinge, Militär, Fahrzeuge bevölkerten in heillosem Durcheinander die Straße in die Wachau. Stahlhelme, Panzerfäuste, Waffen, Munition, Uniformstücke lagen auf der Straße und in den umliegenden Weingärten, ein Bild vollständiger Auflösung. Ich blickte zurück. Unendlich traurig stimmte das Bild der beiden gesprengten Brücken, deren Bogen zerbrochen im Strom lagen. Hinter den blauen Schattenrissen der Fachwerkhäuser stieg die blutig-rote Sonnenscheibe empor, und der Geschützdonner samt dem Heulen der Geschosse ergab eine schauerliche Morgensymphonie über das Thema „Krieg“.

Wehmütig stapfte ich gen Dürnstein, bis zum Rothenhof stets die Artilleriegeschosse mit ihrer schrecklichen Musik über mir. Am nächsten Tag hielten die Russen in Dürnstein und der weiteren Umgebung Einzug, die Zeit des tausendjährigen Reiches war zu Ende.

*

Totaler Krieg — totaler Zusammenbruch — totaler Wiederaufbau, wir kennen alle diese Reihenfolge. Darüber hinaus setzte für den Schienenverkehr die totale Wende ein.

Gewiß wäre in Deutschland der Wiederaufbau nach dem Zusammenbruch ohne die Eisenbahn nicht denkbar gewesen. Und zweifellos gab es auch in den Jahren des beginnenden Wohlstandes schöne Erfolge, schwang sich das Eisenbahnwesen in Europa zu Leistungen auf, die vorher unvorstellbar gewesen wären. Niemand hätte geglaubt, daß auch die Deutsche Bundesbahn so bald wieder eine führende Rolle in Europa spielen würde. Was hier geleistet worden ist, dürfte ohne Beispiel sein, die deutschen Eisenbahner können mit Stolz auf die beiden Nachkriegsjahrzehnte zurückblicken. Ein Netz hochwertiger Fernschnellzugverbindungen wurde aufgebaut. TEE — Trans-Europ-Express-Züge — überwanden endlich auch Ländergrenzen, der Güterverkehr wurde beschleunigt, das Tempo der Reisezüge konnte bis auf 200 km/h gesteigert werden, ohne daß der Fahrgast diese ungeheure Geschwindigkeit gewahr wird.

Aber das ist das Kriterium: Die Eisenbahn hatte nach 1945 ihr Monopol verloren, das ihr noch einmal in den Kriegsjahren zugefallen war. Eine verblüffende Parallele ergibt sich hierbei. Wie in den dreißiger, vierziger, fünfziger Jahren des vorigen Jahrhunderts die Eisenbahn zur treibenden Kraft für Industrialisierung, für den wirtschaftlichen Aufschwung und den allgemeinen Wohlstand wurde, so ging diesmal die Anregung vom Verbrennungsmotor aus in der gleichen Arbeits-Kaufkraftspirale wie ein Jahrhundert zuvor. In den USA schritt die Entwicklung weit schneller voran, da es keine Kriegszerstörungen zu beseitigen gab. Der Ersatz der Dampflokomotive durch die Dieselmaschine konnte die Entwicklung nur verzögern, nicht aufhalten. Schon mit dem Beginn der sechziger Jahre war das Todesurteil über die US-Eisenbahnen gesprochen. An Stelle der langen Überland-„Limiteds“ brausten komfortable „Greyhound“-Busse durch das Land. Und wer es ganz eilig hatte, nahm das Flugzeug. Die Eisenbahnen stellten nacheinander den Reisezugverkehr ein. Es gibt Städte, die auf den Trassen der zahlreichen innerstädtischen Hoch- und Vorortbahnen einfach Schnellstraßen anlegten. 1971 versuchte der Staat, durch Gründung des Amtrak-Unternehmens, der Eisenbahn zu einem come-back zu verhelfen. Doch über ein romantisierendes Interesse ging das Echo nicht hinaus.

Seien wir ehrlich, es gibt keine Möglichkeit, den Menschen der zweiten Hälfte des 20. Jahrhunderts dazu zu bewegen, sein Individualfahrzeug aufzugeben und sich wieder dem Massentransportmittel Eisenbahn zuzuwenden. Dazu ist das Auto zu sehr Statussymbol, Symbol der Befreiung des Menschen vom Zwang, Symbol des Aufstiegs von der Klasse der Proletarier zur Gesellschaftsschicht der Besitzenden, Symbol eines Selbstbewußtseins der breiten Massen, wie es in der Geschichte beispiellos dasteht. Eine totale Rückkehr zur Eisenbahn und eine Aufgabe des Autos würde zu einer weltwirtschaftlichen Katastrophe unvorstellbaren Ausmaßes führen. Für das Zeitalter des Automobils ist uns kein Opfer zu hoch. Wenn dieses Buch in die Hand der Leser gelangen wird, dürfte das Blutopfer, das wir in Deutschland dem Moloch des Fortschrittes zu bringen haben, jährlich 20 000 Menschen überschritten haben. Wir bringen es ohne Scham und Reue, wir bringen es — gern, es sind ja immer die anderen, die es trifft. Die Zeit, wo uns fremdes Schicksal rührte, ist ohnehin vorbei. Das Auto hat eine eigene Morallehre hervorgebracht, der Mord mit dem Auto ist salonfähig geworden.

Die Entwicklung der Gegenwart ist zu schwierig, um sie vorurteilslos betrachten zu können. Die Versuchung zu polemisieren, liegt nahe. Oder zu philosophieren, daß ein Leben, das täglich, stündlich, minütlich seine Existenz in waghalsigen Überholmanövern auf der Straße aufs Spiel setzt, wohl nicht von Wert sein kann, daß Fahrzeuge, bei deren Benutzung man sich anbinden muß, um seines Lebens sicher zu sein, daß Luftverkehrsmittel, die vorherige Taschenrevision erfordern, dem sogenannten Fortschritt geradezu Hohn sprechen. Nüchterne Betrachtung der Dinge kann nur lähmendes Entsetzen auslösen, lassen wir daher die Gegenwart an dieser Stelle außer Betracht.

So blicken wir auf das Eisenbahn-Jahrhundert als eine geschichtliche Epoche zurück, einzuordnen zwischen Postkutsche und Jumbo-Jet. Es beendete zugleich das eiserne Zeitalter, an seinem Ende stehen die Atomspaltung, der Siegeszug der Kunststoffe und die Entdeckung des Laser-Strahles.

Die große Zeit der Dampflokomotiven — so lautet der Untertitel, der unserem Buche voransteht. Das Eisenbahn-Jahrhundert ist identisch mit dem Zeitalter der Dampfmaschine, der hin- und hergehenden Kolben, der großen Schwungräder und surrenden Transmissionen in den Fabriken. Es verkörpert die letzte Vollendung der mechanischen Kraftübertragung vermittels Hebel und Stangen, so wie sie uns von den Völkern des Altertums überkommen ist. Wir werden uns kaum dieser Zeitenwende bewußt. Die These, die Dampflokomotive markiere gar nicht den Beginn der Neuzeit, sie stelle vielmehr den Abschluß des eisernen, des mechanischen Zeitalters dar, sie vollende, was Archimedes, was Leonardo da Vinci und wie sie alle heißen, gedacht haben, wird wohl erst von einer späteren Generation, die in der Lage ist, die Dinge frei von sozial-emotionalen Vorurteilen zu betrachten, abschließend geprüft werden können.

Nur wenige Menschen trauern dem Eisenbahn-Jahrhundert nach, und diejenigen, die es tun, wohl mehr aus romantischer Schwärmerei heraus, aus einem lebensnotwendigen Maß an Sentimentalität, oder schlichtweg aus Resignation über die so anders geartete Gegenwart.

Man kann den Wandel der Zeiten bedauern — allzugern vergleichen wir die Schattenseiten der Gegenwart mit dem, was in der Vergangenheit schön war. Ändern können wir die Dinge nicht. Man mag die Entwicklung der Gegenwart, und damit des Automobils, für einen Irrweg von unvorhersehbaren Folgen halten. Liegen die Ursachen dafür nicht bereits im Eisenbahn-Jahrhundert begründet? War diese ganze Epoche nicht bereits ein grandioser Irrtum? Der den Menschen von seinem naturgemäßen Wesen entfernt hat? Ihm Wege gewiesen, die zu gehen er nicht befähigt ist?

Lassen wir diese müßigen Fragen, die ein jeder nach eigener Ansicht beantworten wird. Es gibt keine Generation, die wie die ältere so viele Wandlungen erlebt, für die sich alle Werte umkehren. Die Jugend sucht nach neuen Wegen, die Geschichte bedeutet ihr nichts mehr. So birgt die Zukunft viel Ungewisses, Unheil neuer, schlimmerer Art scheint in ihr verborgen zu liegen. Je düsterer der Blick nach vorwärts, um so größere Verklärung erfährt die Vergangenheit, mit der sich die ältere Generation identifiziert. Eisenbahn-Jahrhundert — das ist jene Epoche, die demjenigen, der die Zeichen der Zeit nicht zu deuten weiß, geistige Heimat bedeutet. Das ist die Epoche von Glanz, Elend und Untergang des Bürgertums, die große Zeit der bürgerlichen Kultur, der wir letztlich alles verdanken, was das Leben heute geistig lebenswert macht. Gewiß, noch fährt die Eisenbahn, schneller, moderner, bequemer, schöner denn je. Ihre Zukunft scheint durch Gasturbinen- und Magnetkissenzüge, Linearmotoren und Geschwindigkeiten von 300 bis 400 km/h gesichert zu sein. Umfangreiche Pläne für den Neubau von Schnellbahnen weisen in noch nicht zu übersehende Dimensionen, aber spätere Generationen werden zu richten haben, inwieweit hier Milliarden für ein Verkehrsmittel aufgewendet werden, das sich selbst überlebt hat, weil es gegenüber dem Auto, das wie Rauschgift über die Menschheit gekommen ist, nichts gleichwertig Stimulierendes zu bieten hat. In unserem Bewußtsein spielt die Eisenbahn nur noch eine untergeordnete Rolle, sie ist auf den dritten Platz verdrängt worden, Auto und Flugzeug haben sie überrundet. Die Bahn ist gezwungen, unsinnige Konzessionen an den Zeitgeschmack zu machen. Waren die Personenwagen der ersten Eisenbahnen nach der Postkutsche (Abteilwagen) und der Dampferkajüte (Durchgangswagen) orientiert, so ergeben heute Omnibus und Flugzeugkabine das große Vorbild für den modernen Wagenbau. Und die Fahrgäste sind glücklich, überall die gleichen Unbequemlichkeiten anzutreffen.

Nun, die Zeit schreitet weiter, eine neue Generation wächst heran, sie weiß nichts mehr von den Träumen und Sehnsüchten, die mit dem Vordringen des Schienenstranges verbunden waren, jenen Träumen von ewigem Frieden und Glück der Menschheit. Der Schöpfer hat wohl nicht vorgehabt, eine heile Welt zu schaffen.

So verbleibt uns nur die Sehnsucht danach. Aber auch sie wird im Lärm der Motoren und unter dem Taumel des sich selbst zerstörenden Fortschrittes untergehen.

Wehmut will uns auf dieser letzten Seite beschleichen. Doch es ist die gleiche Wehmut, mit der unsere Vorväter der Postkutsche nachtrauerten als dem Inbegriff geruhsamer Idylle, es ist die Wehmut der Enttäuschung und Resignation.

Trotzdem: Freuen wir uns, daß wir noch den Abendglanz dessen erleben durften, was uns heute als eine der hoffnungsvollsten Epochen der Menschheitsgeschichte bewußt wird — des Eisenbahn-Jahrhunderts.

Quellen und wichtigste Literatur

Alexander, E. P., Iron Horses 1829—1900, New York 1941

Alexander, E. P., American Locomotives 1900—1950, New York 1959

Baader, J. v., Über die Vorteile einer verbesserten Bauart von Eisenbahnen und Wagen, München 1826

Born, E., Lokomotiven und Wagen der deutschen Eisenbahnen, Mainz und Heidelberg 1961

Born, E., Pioniere des Eisenbahnwesens, Darmstadt o. J.

Brandt, W., Schlaf- und Speisewagen der Eisenbahn, Stuttgart 1968

Das Eisenbahnwesen der Gegenwart, Berlin 1911

Die Lokomotive feiert mit das 100jährige Bestehen der Deutschen Eisenbahnen, Berlin 1935

Die Lokomotive in Kunst, Witz und Karikatur, Hannover-Linden 1922

Dost, A., Der rote Teppich, Stuttgart 1965

Eggersglüß, H., Tagebuch eines Eisenbahners, Braunschweig o. J.

Feldhaus, F. M., Die Technik, Wiesbaden 1970

Feldhaus, F. M., Ruhmesblätter der Technik, Leipzig 1924

Fürst, A., Die Welt auf Schienen, München 1925

Fuhlberg-Horst, J., Die Eisenbahn im Bild, Stuttgart 1925

Gaiser, F., Die Crampton-Lokomotive, Neustadt 1909

Gölsdorf, K., Geschichte der Eisenbahnen der Österreich-Ungarischen Monarchie, Wien 1898

Haller, J., Die Epochen der deutschen Geschichte, Stuttgart 1922

Hamilton, Ellis, Die Welt der Eisenbahn, Stuttgart 1972

Hamilton, Ellis, The Pictoral Encyclopedia of Railways, Hamlyn House 1968

Haushofer, M., Grundzüge des Eisenbahnwesens, Stuttgart 1875

Hornstein, A. v., Auf Schienen, 3. Aufl., München 1965

Hotz, J., Jahrbuch für Eisenbahngeschichte Bd. 1—3, Karlsruhe und Augsburg 1968—70

Hundert Jahre deutsche Eisenbahnen, 2. Aufl., Leipzig 1938

Hundert Jahre deutsche Eisenbahn, Sonderdruck „Das Bayerland", München 1935

Koepper, G., Alfred Krupp, ein Lebensbild, Berlin 1917

Kubinszky, M., Bahnhöfe Europas, Stuttgart 1969

Kuntzemüller, A., Die Badischen Eisenbahnen, Karlsruhe 1953

Matschoß, C., Geschichte der Dampfmaschine, Berlin 1902

Matschoß, C., Große Ingenieure, 4. Aufl., München 1954

Metzeltin, G. H., Die Lokomotive, ein Lexikon ihrer Erfinder, Konstrukteure, Führer und Förderer, Karlsruhe 1971

Moser, A., Der Dampfbetrieb der Schweizerischen Eisenbahnen 1847—1966, 4. Aufl., Basel und Stuttgart 1967

Mühl, A. u. Seidel, K., Die Württembergischen Staatseisenbahnen, Stuttgart u. Aalen 1970

Nordmann, H., Die Frühgeschichte der Eisenbahnen, Berlin 1948

Pachtner, F., August Borsig, München 1953

Pierson, K., Dampfzüge auf Berlins Stadt- und Ringbahn, Stuttgart 1969

Pönicke, H., Johann Andreas Schubert, Dresden 1935

Röll, Frh. v., Encyklopädie des Eisenbahnwesens, 2. Aufl., Wien 1912—22

Schulze, Fr., Die ersten deutschen Eisenbahnen Nürnberg-Fürth und Leipzig-Dresden, Leipzig o. J.

Stumpf, B., Jahrbuch des Eisenbahnwesens, Bd. 1—10, Köln 1950—59

Treitschke, H. v., Deutsche Geschichte im 19. Jahrhundert, Leipzig 1889

Ulbricht, Geschichte der Königl. Sächsischen Staatseisenbahnen, Dresden 1889

Valjavec, Sedlmayr, Treue u. a., Das 19. und 20. Jahrhundert, Bern u. München 1961

Weihe, C., Max Maria v. Weber, ein Lebensbild, Berlin 1917

Ferner Periodika, insbes. Lok-Magazin, VDI-Zeitschrift, Glasers Annalen, Organ u. a. m.

Anhang

1. Eisenbahn-Sicherungswesen

Die Sicherheit des Schienenverkehrs steht und fällt mit einem gut funktionierenden Signal- und Meldewesen. Seit dem Entstehen der ersten Eisenbahnen gab es zahlreiche Versuche, die wirksamste Form der Befehlsübermittlung zu finden, wie auf den Seiten 36—37 eingehend geschildert. Als Beispiel aus den Anfängen soll das auf den folgenden Seiten abgedruckte Signalbuch der Braunschweig-Harzburger Eisenbahn von 1841 dienen.

Die erste reichseinheitliche Signalordnung entstand im Jahre 1875. Bis dahin galten unterschiedliche Regelungen, besonders bei den Lichtsignalen. Es galt allgemein nachstehende Vorschrift:

Auf Bahnen I. und II. Classe müssen folgende Signale gegeben werden können:
1. Die Bahn ist fahrbar! (Im Dunkeln durch weißes Licht.)
2. Der Zug soll langsam fahren! (Im Dunkeln durch grünes Licht.)
3. Der Zug soll still halten! (Im Dunkeln durch rotes Licht.)

Die Zugführer, Schaffner und Bremser müssen das Signal zum Halten an den Lokomotivführer geben können.

Der Lokomotivführer muß folgende Signale geben können:
1. Achtung geben!
2. Bremsen anziehen!
3. Bremsen loslassen!

Mit der Signalordnung von 1875 wurde eine erste reichseinheitliche Regelung getroffen. Das bis zum Ende des Eisenbahn-Jahrhunderts gebräuchliche Signalwesen geht jedoch auf die Signalordnung vom 5. Juli 1892 samt ihren Ergänzungen zurück.

Bremsbesetzungstabelle von 1897:

| Auf Neigungen | | Bei einer Fahrgeschwindigkeit von | | | | | | | | | |
| von ...‰ | vom Verhältnis | 25 | 30 | 35 | 40 | 45 | 50 | 60 | 70 | 80 | 90 |
		Kilometer in der Stunde müssen von je 100 Wagenachsen zu bremsen sein									
0,0	1 : ∞	6	6	6	6	8	10	17	25	36	48
2,5	1 : 400	6	6	7	9	11	14	21	30	41	54
5,0	1 : 200	6	7	9	12	14	18	25	35	46	59
7,5	1 : 133	8	10	12	15	18	21	29	39	51	.
10,0	1 : 100	10	13	15	18	21	25	33	44	56	.
12,5	1 : 80	13	15	18	21	25	29	38	48	59	.
15,0	1 : 66	15	18	21	24	28	32	42	53	.	.
17,5	1 : 57	18	21	24	27	32	36	46	57	.	.
20,0	1 : 50	20	23	27	31	35	39	50	.	.	.
22,5	1 : 44	22	26	30	34	38	43	54	.	.	.
25,0	1 : 40	35	29	33	37	42	47	.	.	.	.

Der Betriebsdienst fand in der „Betriebsordnung für die Haupteisenbahnen Deutschlands und die Bahnordnung für die Nebeneisenbahnen Deutschlands vom 24. März 1897" seine endgültige Regelung. Uns interessieren die enthaltenen Vorschriften über die Bremsbesetzung. Bis 1897 galten die Bestimmungen des Vereins deutscher Eisenbahnverwaltungen von 1847, wonach in den Personenzügen folgende Anzahl von Wagen Bremsen besitzen müssen:

Steigung 1 : 500   jeder achte Wagen
Steigung 1 : 300   jeder sechste Wagen
Steigung 1 : 200   jeder fünfte Wagen
Steigung 1 : 100   jeder vierte Wagen
Steigung 1 : 60   jeder dritte Wagen
Steigung 1 : 40   jeder zweite Wagen

Wagen I. Classe erhielten wegen der Geräuschbelästigung keine Bremsen.

Ab 1897 galt die auf Seite 86 wiedergegebene Tabelle.

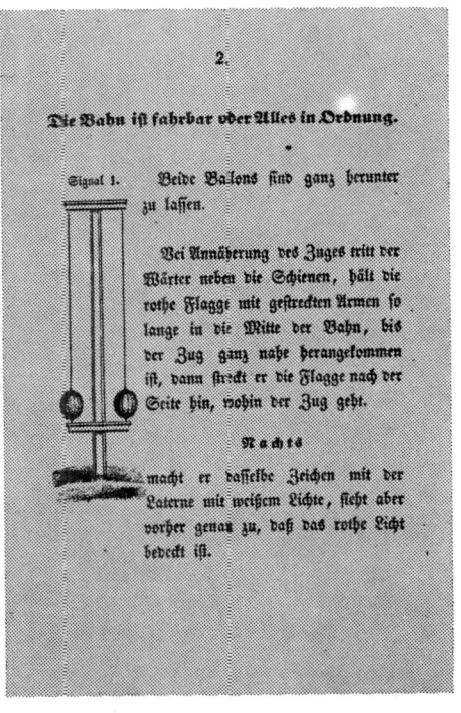

3.

Der Zug soll halten.

Signal 2. Beide Ballons werden bis zur Mitte der Stange aufgezogen.

Der Wärter macht das Zeichen mit der blauen Flagge.

Nachts.

Der Wärter stellt sich in die Mitte der Bahn, öffnet das rothe Glas, nimmt die Laterne in beide Hände und hält sie so über den Kopf, daß das rothe Licht nach der Seite hingerichtet ist, woher der Zug kommt.

4.

Der Wagen soll langsam fahren.

Signal 3. Es wird der eine Ballon links, wenn man die Richtung von Braunschweig nach Harzburg ginge, bis oben hin gezogen.

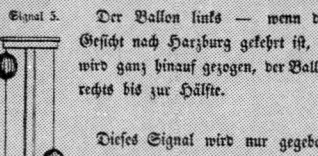

Der Wärter macht ebenfalls das Zeichen mit der blauen Flagge.

Nachts.

Nachts wird das Zeichen zum Halten wie ad 3. vorgeschrieben, gegeben, nemlich:

Der Wärter stellt sich in die Mitte der Bahn, öffnet das rothe Glas, nimmt die Laterne in beide Hände und hält sie so über den Kopf, daß das rothe Licht nach der Seite hingerichtet ist, woher der Zug kommt; und dem Dampfwagenführer und Schaffner wird mündlich gesagt, warum er langsam fahren soll.

5.

Eine andere Maschine soll kommen.

Signal 4. Beide Ballons werden ganz an der Stange hinaufgezogen.

Der Bahnwärter sorgt dafür, daß das Zeichen rasch weiter gegeben wird, und wenn sein Nebenmann es nicht bemerken sollte, so läuft er rasch demselben näher und macht ihn durch Zeichen aufmerksam.

Nachts

bindet der Wärter seine Laterne unter den Ballons fest und zieht sie bis ganz oben an die Stange.

Allgemeines Verhalten der Bahnwärter beim Signalisiren.

6.

Die Bahn ist nicht fahrbar.

Signal 5. Der Ballon links — wenn das Gesicht nach Harzburg gekehrt ist, — wird ganz hinauf gezogen, der Ballon rechts bis zur Hälfte.

Dieses Signal wird nur gegeben, wenn der Wärter Morgens beim Nachsehen der Bahn so starke Beschädigung findet, daß er solche mit Hülfe der in der Nähe befindlichen Arbeiter nicht bis zur nächsten Ankunft des Zuges herstellen kann oder wenn Morgens die Einschnitte so hoch mit Schnee verwehet sind, daß sie bis zur ersten Fahrt nicht aufgeräumt werden können.

Dieses Zeichen wird nach der Richtung hingegeben, woher der Zug kommt.

Ist der Zug auf der Bahn, so wird das Zeichen zum Halten gegeben.

7.

Ist der Zug auf der Bahn, so ist es Pflicht der Bahnwärter, während des Nachsehens der Bahn und bis der Zug wieder vorüber ist, oft ihre Blicke nach den Ballons strenge zu werfen, und wenn sie ein Signal sehen, dasselbe so rasch, als es in ihren Kräften steht, weiter zu geben, auch den folgenden Nebenmann darauf aufmerksam zu machen.

8.

Sobald die Ursache, um welche das Signal gegeben worden, beseitigt ist, werden beide Ballons oder des Nachts die Laternen herunter gelassen.

9.

Die Bahnwärter, welche in der Nähe der Bahnhöfe bei den Ausweichungen ihren Posten haben, sind besonders verpflichtet, das Signal den Offizianten auf dem Bahnhofe so rasch als möglich anzuzeigen.

Ganz besonders hat der Bahnwärter auf dem Bahnhofe zu Wolfenbüttel dafür zu sorgen, daß das Signal weiter gegeben wird.

Signale der Locomotivführer.

10.

Achtung.

Mit der Dampfpfeife wird ein einzelner Ton angeblasen.

11.

Bremsen.

Ein langer Ton, dem drei kurze Pfiffe folgen.

12.

Bremsen los.

Ein langer Ton, dem zwei kurze folgen.

13.

Abfahrt.

Sobald der Schaffner das Zeichen zur Abfahrt gegeben hat, ist sogleich ein Ton mit der Dampfpfeife anzublasen, damit Jeder gewarnt werde, sich vor Schaden zu hüten.

Signale der Schaffner an die Locomotivführer und Bahnwärter.

14.

Bemerkt der Schaffner oder die Schaffnergehülfen etwas auf der Bahn oder in dem Zuge, was nicht in der Ordnung ist, so giebt er durch Aufheben einer blauen Flagge dem Dampfwagenführer das Zeichen zum Halten und bremset zugleich. Der Maschinist stellt den Dampf ab und giebt das Zeichen zum Bremsen, damit alle im Zuge befindlichen Bremsen auf Einmal in Thätigkeit gesetzt werden.

2. Rang- und Dienstgradabzeichen der Eisenbahnbeamten nach dem Stande von 1885

1. *Betriebskontrolleur:* Am Rockkragen eine sägeförmige Goldstickerei und auf jeder Seite zwei goldene Litzen, Achselstücke aus einer mit zwei blauseidenen Längsstreifen durchwirkten Goldtresse mit Einfassung und Unterfutter von orangefarbenem Tuch, ferner Offiziersdegen mit goldenem Portepee.

2. *Stationsvorstand I. Klasse:* Am Rockkragen eine breite Goldkante und auf jeder Seite drei goldene Sterne; Schulterverzierung wie unter 1., Offiziersdegen mit goldenem Portepee.

3. *Stationsvorsteher II. Klasse:* Am Rockkragen eine breite Goldkante und auf jeder Seite zwei goldene Sterne; Schulterverzierung wie unter 1., Offiziersdegen mit goldenem Portepee.

4. *Stationsverwalter, Assistent und Praktikant:* Am Rockkragen eine breite Goldkante und auf jeder Seite einen goldenen Stern, sonst wie 3.

5. *Wagenmeister, Rangiermeister und Portier:* Am Rockkragen eine breite Goldkante.

6. *Stationskommandant, Güterexpeditionsvorsteher:* Am Rockkragen eine sägeförmige Goldkante und auf jeder Seite des Rockkragens drei goldene Sterne; Schulterverzierung wie unter 1., Offiziersdegen mit goldenem Portepee.

7. *Güterexpedient, Güterkassierer und Stationseinnehmer:* Wie 6. aber nur zwei Sterne auf jeder Seite des Rockkragens.

8. *Telegraphenmeister:* Einen goldenen Blitz vorn an jeder Seite des Rockkragens, darunter zwei goldene Sterne, Schulterverzierung wie unter 1., Offiziersdegen mit goldenem Portepee.

9. *Telegraphist:* Auf jeder Seite des Rockkragens einen goldenen Blitz.

10. *Packmeister:* Auf jeder Seite des Rockkragens ein einfach geflügeltes Rad, darunter einen goldenen Stern.

11. *Zugführer:* Am oberen Ende des Rockkragens eine 5 mm breite Goldlitze. Auf jeder Seite des Rockkragens ein einfach geflügeltes Rad, darunter einen goldenen Stern.

12. *Schaffner:* An jeder Seite des Rockkragens ein einfach geflügeltes Rad.

13. *Bremser:* Keine Abzeichen.

14. *Lokomotivführer:* Eine kleine bronzierte Lokomotive an jeder Seite des Rockkragens, darunter einen goldenen Stern.

15. *Geprüfter Heizer:* Eine kleine bronzierte Lokomotive an jeder Seite des Rockkragens.

16. *Nicht geprüfter Heizer:* Keine Abzeichen.

17. *Bahnmeister:* Am Rockkragen glatte Goldkante und auf jeder Seite vorn ein Rad mit Zirkel aus bronziertem Metall davor je zwei vierzackige vergoldete Sterne; Schulterverzierung wie unter 1., Offiziersdegen mit goldenem Portepee.

3. Beispiele zur Buchführung der privaten Eisenbahnen
(Beträge in fl = Gulden süddeutsch, 1 fl = 60 Kreuzer)

A. Erneuerungsfond der Taunuseisenbahn, Betriebsjahr 1866

Einnahmen

Übertrag aus 1865	190 091.19
Zinsengutschrift hieraus	7 603.38
Zuschuß aus den Betriebsüberschüssen von 1865	80 000.—
	277 694.57

Ausgaben

a. Für die Erneuerung der Bahn und ihres Zubehörs:

Unkosten der Ausweichen, Drehscheiben und
Schiebebühnen 4 116.44

Auswechseln von 2052 Meter Bahn-
geleise. Ersatz von Schwellen und
sonstigen Schienenbefestigungsmitteln.
Entstandene Kosten 31 200.03
Ab für Erlös und Werth zurück-
gelieferter Gegenstände 10 945.54
Bleiben   20 254.09

Unkosten einer Stützmauer des
Bahnkörpers bei Hochheim 791.21

Umbau der zweiten Festungsbrücke
zu Castel in Stein und Eisen 4 662.15

Außerordentliche Unkosten der Dienst-
gebäude und des Mobiliars. Neubau eines
Ladeschuppens zu Castel für die Trajectgüter   599.28
Herstellungskosten von Gebäuden, welche
zu Castel und Mainz in Folge des Krieges
abgetragen werden mußten 2 113.17
Erneuerung von Mobiliargegenständen . . . 68.24   2 781.09

Erneuerung von Telegraphen
und Signalapparaten 339.34

Erneuerung und Erweiterung der Ein-
zäunungen der Bahnhöfe zu Frankfurt,
Hattersheim, Flörsheim und Hochheim 1 184.14
Transport   34 129.26

A.   Taunusbahn-Ausgaben: Transport   34 129.26

b. Für die Erneuerung der Trajectanstalt   1 083.10

c. Für die Erneuerung der Locomotiven:

Neubau der Locomotive Nr. 5, Stephenson, mit Tender	26 800.—	
Neue Tender für Maschine Nr. 3	4 250.—	
Restkosten des neuen Tenders für Maschine 4	1 690.01	
Restkosten des Umbaues der Maschine Nr. 14 Cockerill	4 162.09	
Verschleiß und Ersatz der Vorrathsteile	2 457.26	39 359.36

d. Für Erneuerung des Wagenparks

Anschaffung von 10 Stück offenen Güterwagen von 200 Ctr. Tragkraft, wovon 5 Stück mit Bremsen zum Ersatz abgängiger Wagen	11 400.—	
Umbaukosten von 5 Wagen zu Wagen von 200 Ctr. Tragkraft	656.10	
30 Satz schwere Räder zu vorstehenden 15 Wagen	6 450.—	
Verbesserungsarbeiten an Wagen	358.35	
Verschleiss und Ersatz der Reservetheile	13 268.53	32 133.38

e. Für die kleinen Betriebsgeräthe:

7 Stück transportable Laderampen	272.18	
Umändern der Signalvorrichtungen nach den Vorschriften des deutschen Eisenbahnvereins	523.19	
50 Schoner zu I. und II. Classe Wagen	231.—	
3 Stück Güterwagendecken	360.—	
Verschiedene Gegenstände	120.08	1 506.45

f. Für Beleuchtungseinrichtungen:

Verschiedene Anschaffungen	66.15

Summe der Ausgaben für die Taunusbahn   108 278.50

B. Erneuerungsfond der Höchst-Sodener Zweigbahn

Einnahmen

Übertrag aus 1865	8 382.20
Zinsen hieraus	335.17
	8 717.37

Ausgaben

Verbrauchte Schwellen und sonstiges Bahnmaterial . .	1 122.29	
Ab: Erlös und Werth für Rücklieferungen	171.15	951.14
Umbaukosten der Locomotive Nr. 18	5 791.22	
2 Kessler's che Schmierapparate	50.—	
Ab: Mehrwerth der Vorrathstheile	113.17	5 723.05
Unkosten der Wagen: Vorrathstheile derselben		273.26
		6 947.45
Einnahme der Taunuseisenbahn 1866	277 694.57	
Ausgaben	108 278.50	
Übertrag auf 1867		169 416.07
Einnahmen der Höchst-Sodener Zweigbahn 1866 . . .	8 717.37	
Ausgaben der Höchst-Sodener Zweigbahn	6 947.45	
Übertrag auf 1867		1 769.52
Ganzer Bestand des Erneuerungsfonds 31. Decbr. 1866		171 185.59

4. Die Gehälter der Eisenbahnbeamten nach dem Stande von 1872
(Jahresgehälter in Talern, 1 Taler etwa gleich 3 Mark)

Staatseisenbahndirectoren	2000—5000	
Oberconducteure	300— 600	und Nebeneinnahmen
Schaffner (Conducteure)	240— 450	
Bremser und Schirrmeister	150— 420	
Packmeister	250— 550	
Gepäck-Expedienten	400— 800	
Ober-Güterverwalter	800—2500	
Expedienten auf den Stationen	300—1000	und Frachtanteile
Bodenmeister	250— 600	
Ingenieure	500—1500	
Ober-Ingenieure	1000—3000	
Bahnmeister	250— 700	und Dienstwohnung
Bahnwärter	120— 300	und Dienstwohnung
Ober-Maschinenmeister	1400—2500	
Locomotivführer	350— 900	und Nebenbezüge
Heizer	250— 500	und Nebenbezüge
Buchhalter	600—1500	
Cassirer	700—1800	
Zahlmeister	500— 900	und Reisegelder
Controleure	700—1500	

5. Auszug aus dem Bilanzbuch der Taunuseisenbahn von 1866 (Beträge in fl = Gulden südd.)

Nettobilanz pro 31. December 1866

Haupt-Bahnbauconto der Taunusbahn . .	4 674 088.20	
Haupt-Bahnbauconto der Sodener Bahn .	142 704.40	4 816 793.—
Betriebs-Ausgaben:		
A. Bahnunterhaltung:		
Vortrag der Feuerversicherung . . .	654.52	
B. Transportverwaltung:		
Vorräthe an Kohlen	6 756.30	
Vorräthe an Billeten	3 118.24	10 529.46
Werkstätte-Kosten:		
Vorräthe an Werkzeugen . . .	98.04	
Vorräthe an Materialien . . .	2 819.34	
Diverse Vorrathstheile . . .	41 489.56	44 407.34
Materialvorräthe:		
Vorräthe des Hauptmagazins		72 301.09
Cassakonto		9 380.22
Verschiedene Debitoren in		
laufender Rechnung		50 382.53
		5 003 794.44

Nettobilanz pro 31. December 1866

Actien-Capital		3 000 000.—
Haupt-Reserveconto		201 491.51
Erneuerungsfond		
der Taunusbahn . . . . fl. 169 416.07		
Erneuerungsfond		
der Sodener Bahn . . . . . fl. 1 769.52.		171 185.59
Amortisationsfond des Hauptbahnbauconto . .		65 473.32
Pensionsfond für die Angestellten . . .		80 768.21
Anleihe von fl. 500 000. à 3 ½%		338 500.—
Tilgungsfond derselben		—.—
Anleihe von fl. 1 200 000.		578 000.—
Tilgungsfond derselben		3 000.—
Zinsenrückstände		1 340.06
Dividendenrückstände		1 123.—
Arbeiter-Krankenkasse		2 500.—
Diverse Creditoren in laufender Rechnung . .		375 204.47
Gewinn- und Verlustconto		185.207.08
		5 003 794.44

6. Alte Münz- und Maßeinheiten:

Nach der Währungsreform von 1871/73 (Einführung der Mark) galten:

5 Mark = 1²/₃ Taler = 2 Gulden 55 Kreuzer süddeutsch,
1 Mark = 10 Silbergroschen = 35 Kreuzer süddeutsch.

Bis zur Einführung des metrischen Systems (1868) galten:
1 alte Meile = 7532 m
1 Ruthe = 12 Fuß = 3,77 m
1 Fuß = 0,31 m
1 Meter = 3 Fuß 2¹/₄ Zoll = 1¹/₂ Elle

7. Die deutschen Eisenbahnen Ende 1851

Nr.	Benennung der Eisenbahn	Der Betrieb auf der ganzen Bahn ist eröffnet worden	Länge der Bahn nach pr. Meilen à 2000 Ruthen od. 7532 Meter	Nach laufenden Ruthen hat die Bahn: ein doppelt Geleise	Nach laufenden Ruthen hat die Bahn: ein einfaches Geleise	Die stärkste Steigung auf der Bahn beträgt	Der kleinste Krümmungshalbmesser beträgt in Ruthen	Die Bahn besitzt: Lokomotiven Stück	Die Bahn besitzt: Tender Stück
1	Altona-Kieler Eisenbahn	d. 18. Septbr. 1848	14,08	—	28160	1 : 400	243	18	14
2	Großherzogl. Badische Staats-Eisenbahn	d. 1. Octobr. 1849	37,29	53579	21007	1 : 189	46,36	66	65
3	Kgl. Baiersche Staats-Eisenbahn	d. 28. Decbr. 1847	64	2066,8	126025,8	1 : 40	38,75	67	67
4	Kgl. Pr. Bergisch-Märkische St.-E.	d. 15. Octobr. 1848	7,73	—	15464	1 : 80	—	16	16
5	Berlin-Anhaltische Eisenbahn	d. 15. Decbr. 1846	30,857	15500	61714	1 : 300	250	34	34
6	Berlin-Hamburger Eisenbahn	d. 15. Decbr. 1846	39,5	39929	39546	1 : 128	150	48	48
7	Berlin-Potsdam-Magdeburger Eisenbahn	d. 7. August 1846	19,537	14143	24517	1 : 200	120	29	29
8	Berlin-Stettiner (Hauptbahn)	d. 16. August 1843	17,852	—	35703,5	1 : 288	273	29	29
9	Herzogl. Braunschw.-Lüneburgsche St.-E.	d. 19. Mai 1844	15,65	8057	23246	1 : 45	255	23	23
10	Breslau-Schweidnitz-Freiburger Eisenbahn	d. 20. Juli 1844	8,829	—	17658	1 : 150	54	10	10
11	Friedrich-Wilhelms-Nordbahn	d. 2. Septbr. 1849	19,2	3690	34702	1 : 100	186	22	14
12	Kgl. Hannoversche Staats-Eisenbahn	d. 12. Decbr. 1847	51,319	28271	74366	1 : 300	85	71	53
13	Kaiser-Ferdinands-Nordbahn	d. 20. August 1848	54,5	22674,7	83538,3	1 : 240	166	105	101
14	Köln-Mindener Eisenbahn	d. 15. Octobr. 1847	35,828	22500	51477	1 : 100	105,27	65	65
15	Leipzig-Dresdner Eisenbahn	d. 7. April 1839	15,5	30542		1 : 200	250	30	20
16	Magdeburg-Cöthen-Halle-Leipz. Eisenbahn	d. 18. August 1840	31,543	31354,2	188,8	1 : 300	300	16	31
17	Magdeburg-Halberstädter Eisenbahn	d. 15. Juli 1843	7,745	19400	5790	—	50	15	16
18	Magdeburg-Wittenbergsche Eisenbahn	d. 15. Octobr. 1851	14,2	—	27770	1 : 204	—	18	13
19	Main-Neckar-Eisenbahn	d. 1. August 1846	10,296	—		—	—	29	18
20	Main-Weser-Eisenbahn		26,599	—	53197	1 : 100	66		21
21	Mecklenburgische Eisenbahn	d. 13. Mai 1850	19,41	—	38820	1 : 200	100	17	17
22	Kgl. Pr. Niederschlesisch-Märkische Eisenb.	d. 1. Septbr. 1846	51,73	178	103460	1 : 116	200	78	78
23	Niederschlesische Zweigbahn		9,5	—	18822	1 : 120	200	8	10
24	Oberschlesische Eisenbahn	d. 3. Octobr. 1846	26,311	18610	34012	1 : 100	300	38	38
25	Kgl. Pr. Ostbahn	d. 26. August 1849	19,33	—	38660	1 : 200	106	21	21
26	Pfälzische Ludwigsbahn	d. 15. Octobr. 1843	15,36	16865	30720	1 : 250	85	20	20
27	Rheinische Eisenbahn	d. 16. Juli 1851	11,395	24800	5925	—	75,51	23	24
28	Sächsisch-Baiersche Staats-Eisenbahn	d. 1. Septbr. 1848	24,021	631,6	23242	1 : 100	135	34	21
29	Chemnitz-Riesaer Staats-Eisenbahn	d. 10. Juni 1848	3,85	5727,3	7076,1	1 : 118	127,8	6	8
30	Sächsisch-Böhmische Staats-Eisenbahn	d. 10. August 1848	8,7	4359	10772,7	1 : 77	120	10	8
31	Sächsisch-Schlesische Staats-Eisenbahn	d. 1. Octobr. 1849	13,58	—	22796	1 : 55	120,34		14
32	Löbau-Zittauer Eisenbahn		4,53	—	9470,4	1 : 100	250	4	3
33	Kgl. Pr. Stargard-Posener Staats-Eisenbahn		22,63	22222	45283,6	1 : 200	150	20	20
34	Thüringische Eisenbahn		25,142	12810,7		1 : 150	—	30	26
35	Wien-Gloggnitzer Hauptbahn	d. 5. Mai 1842	10	—	7204,6	1 : 130	428,4	45	47
	Die zwei Zweigbahnen	28. Sept 45, 20. Aug. 47	1,12	—	2241,3	—	—		
36	Kgl. Württembergische Staats-Eisenbahn	d. 29. Juni 1850	33,2	1065	65335	1 : 45	72	45	43

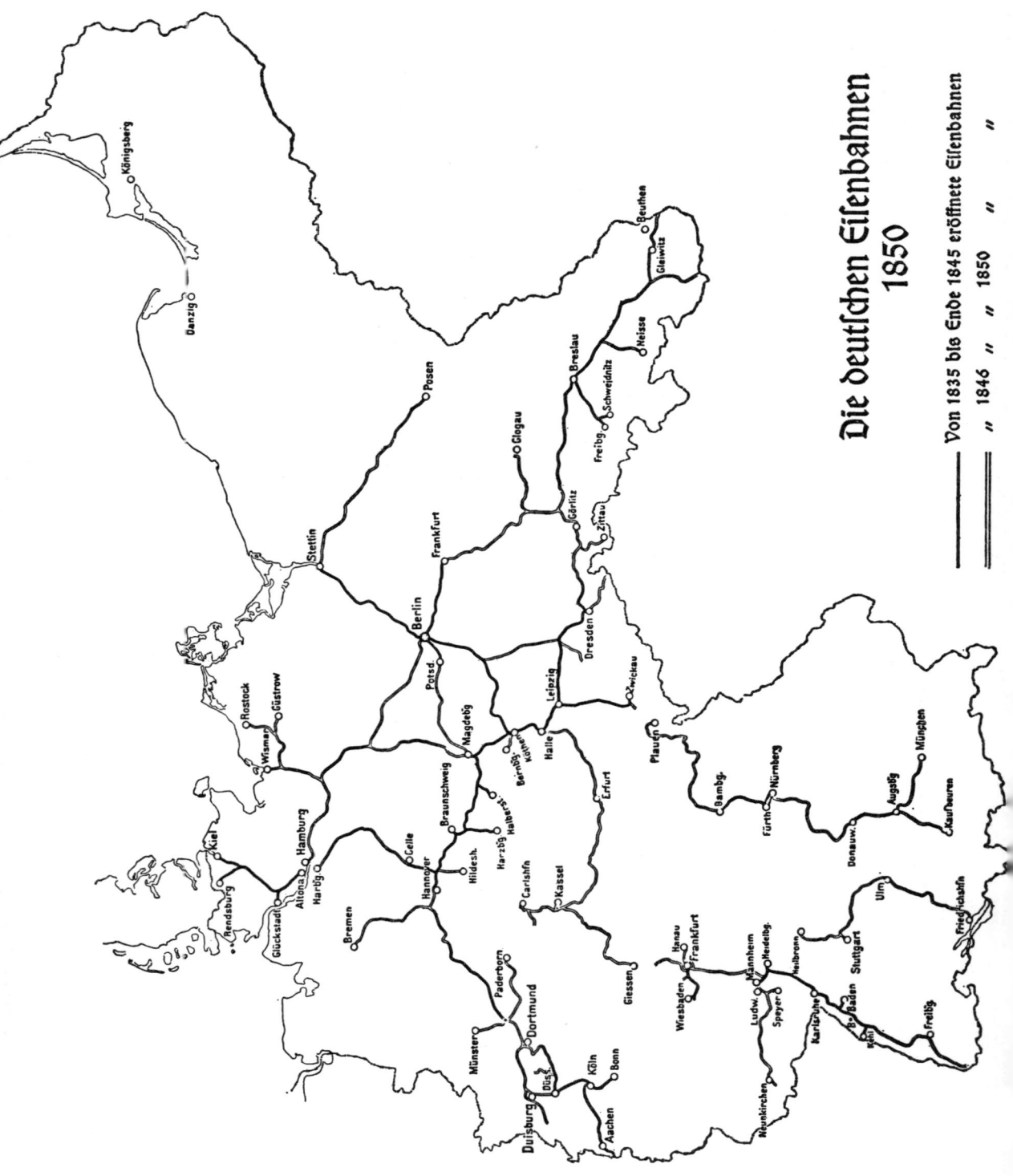

Die deutschen Eisenbahnen
1850

Von 1835 bis Ende 1845 eröffnete Eisenbahnen
„ 1846 „ 1850 „ „
„ 1850 „ „

96

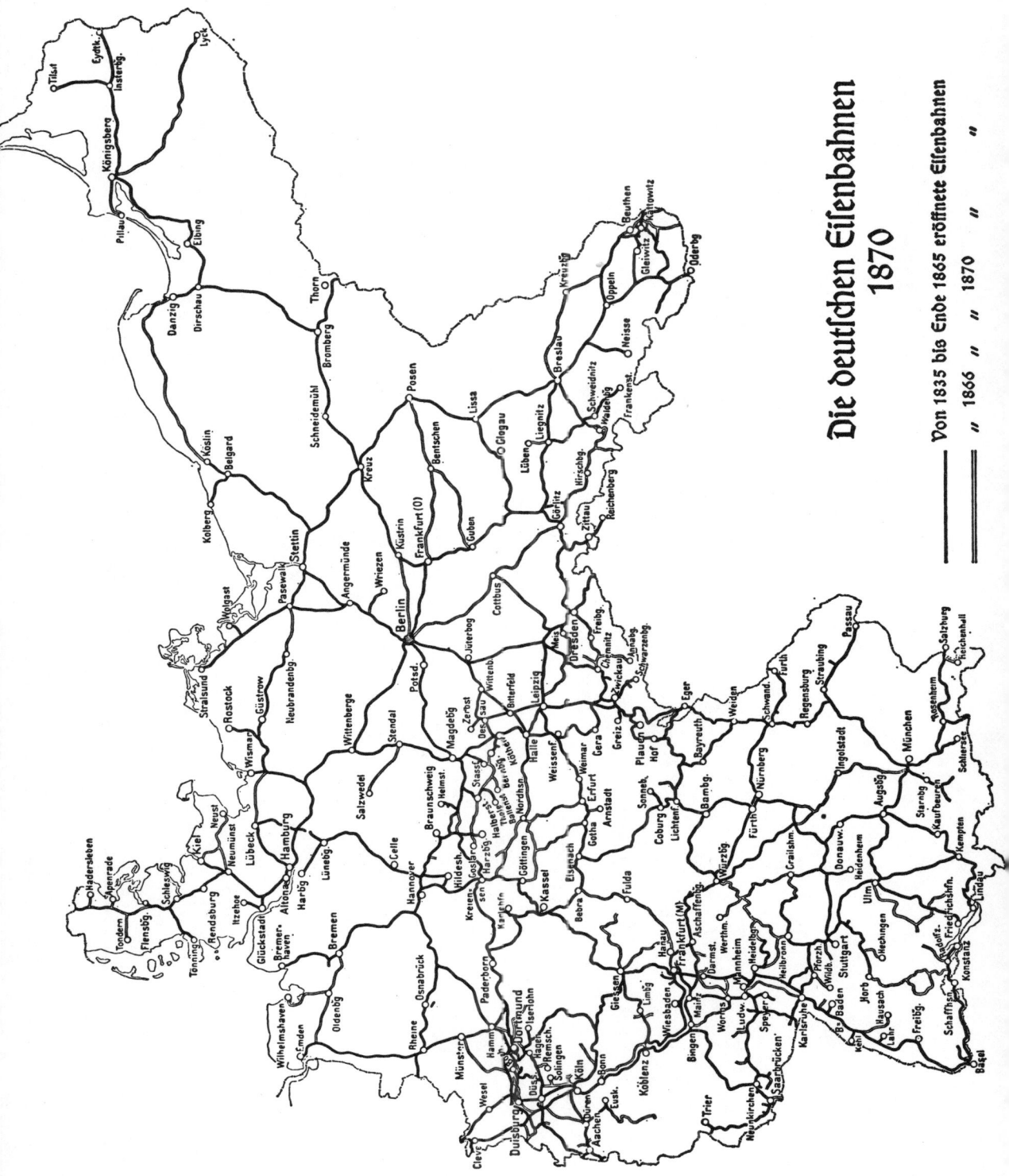

Die deutschen Eisenbahnen
1870

Von 1835 bis Ende 1865 eröffnete Eisenbahnen
" 1866 " 1870 " "

Königreich Bayern, Nördlicher Theil.

Königreich Bayern, Südlicher Theil.

24 — 24.25 — 20 — 25

Grid: A · B · C · D · E · F · G · H

Legende:
- Bayerische Staatsbahn.
- Württembergische Stsb.
- Oesterreichische Bahnen.

Wichtige Orte: München, Augsburg, Ingolstadt, Landshut, Ulm, Kempten, Salzburg, Rosenheim, Reichenhall.

Nachbargebiete: WÜRTTEMBERG, ÖSTERREICH.

Gewässer: Donau, Isar, Lech, Iller, Inn, Bodensee.

N. Linz, N. Salzburg, N. Stuttgart, N. Sigmaringen, N. Württemberg.

Königreich Sachsen.

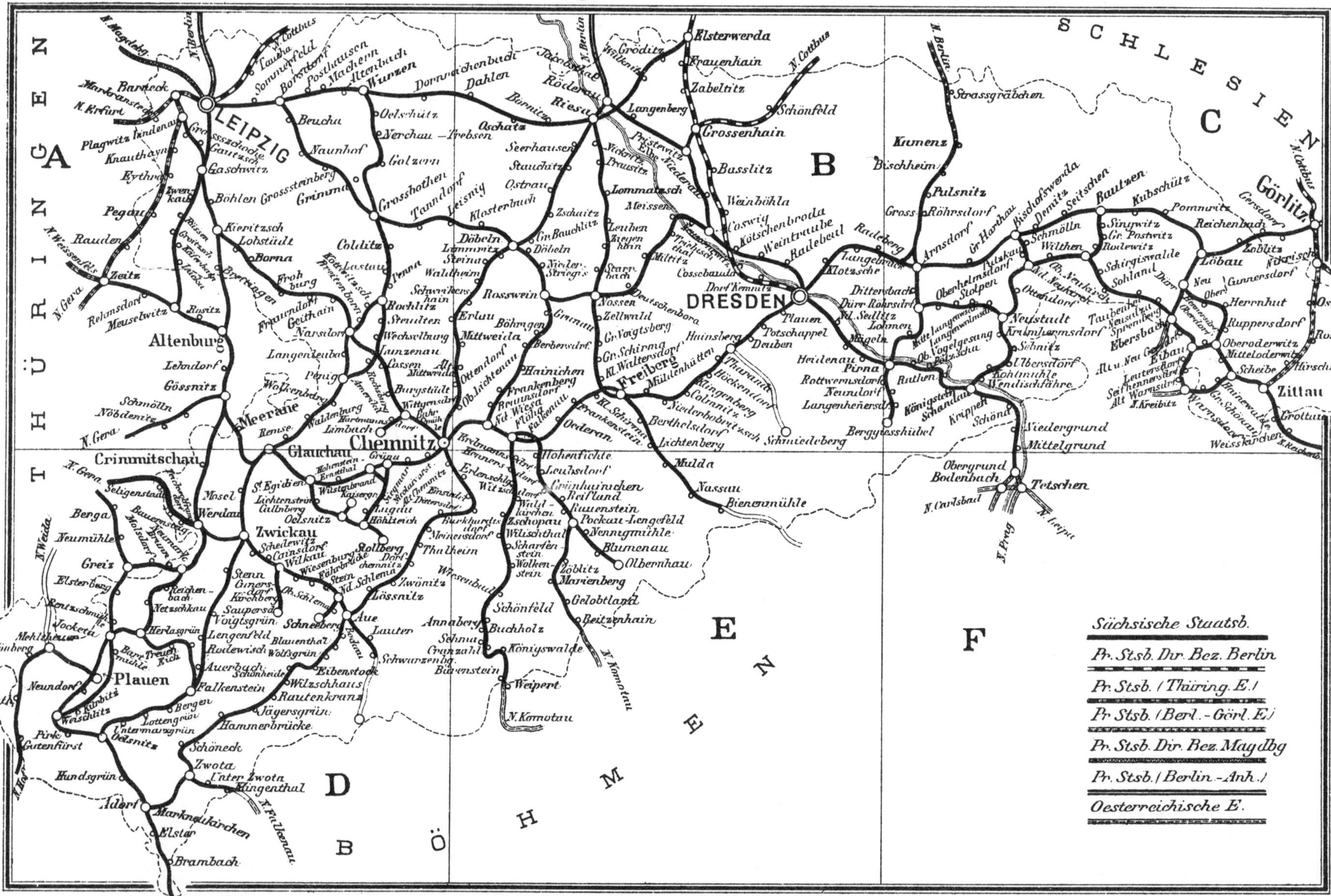

SCHLESIEN

THÜRINGEN

BÖ. (BÖHMEN)

Major cities: LEIPZIG · DRESDEN · CHEMNITZ · Görlitz · Zittau · Plauen · Zwickau · Glauchau · Meerane · Altenburg · Freiberg · Riesa · Pirna · Tetschen

Grid letters: A B C D E F

Königreich Württemberg.

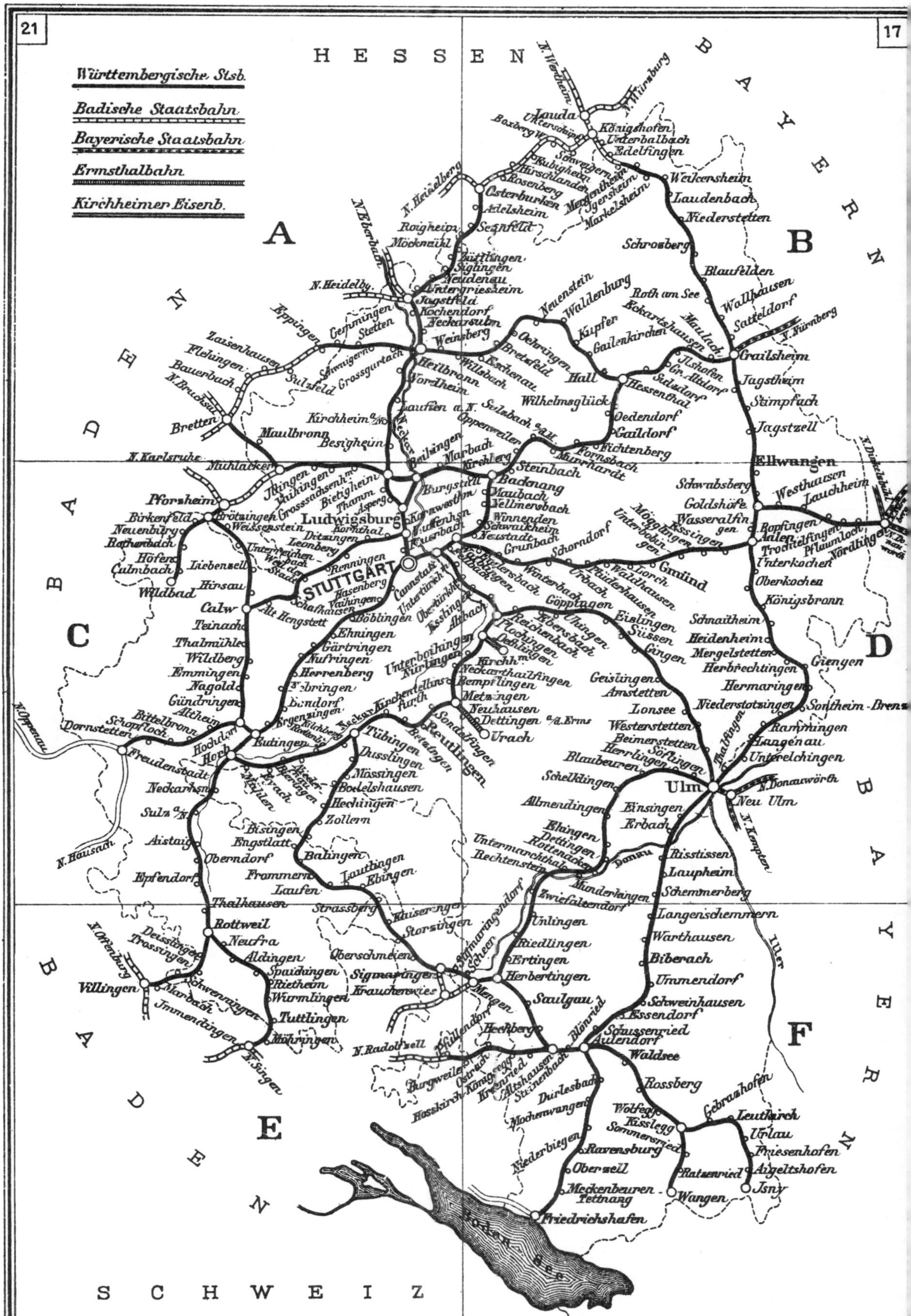

Württembergische Stsb.
Badische Staatsbahn
Bayerische Staatsbahn
Ermsthalbahn
Kirchheimer Eisenb.

HESSEN

BAYERN

A

B

BADEN

C

D

STUTTGART

Ludwigsburg

Ulm
Neu Ulm

E

F

SCHWEIZ

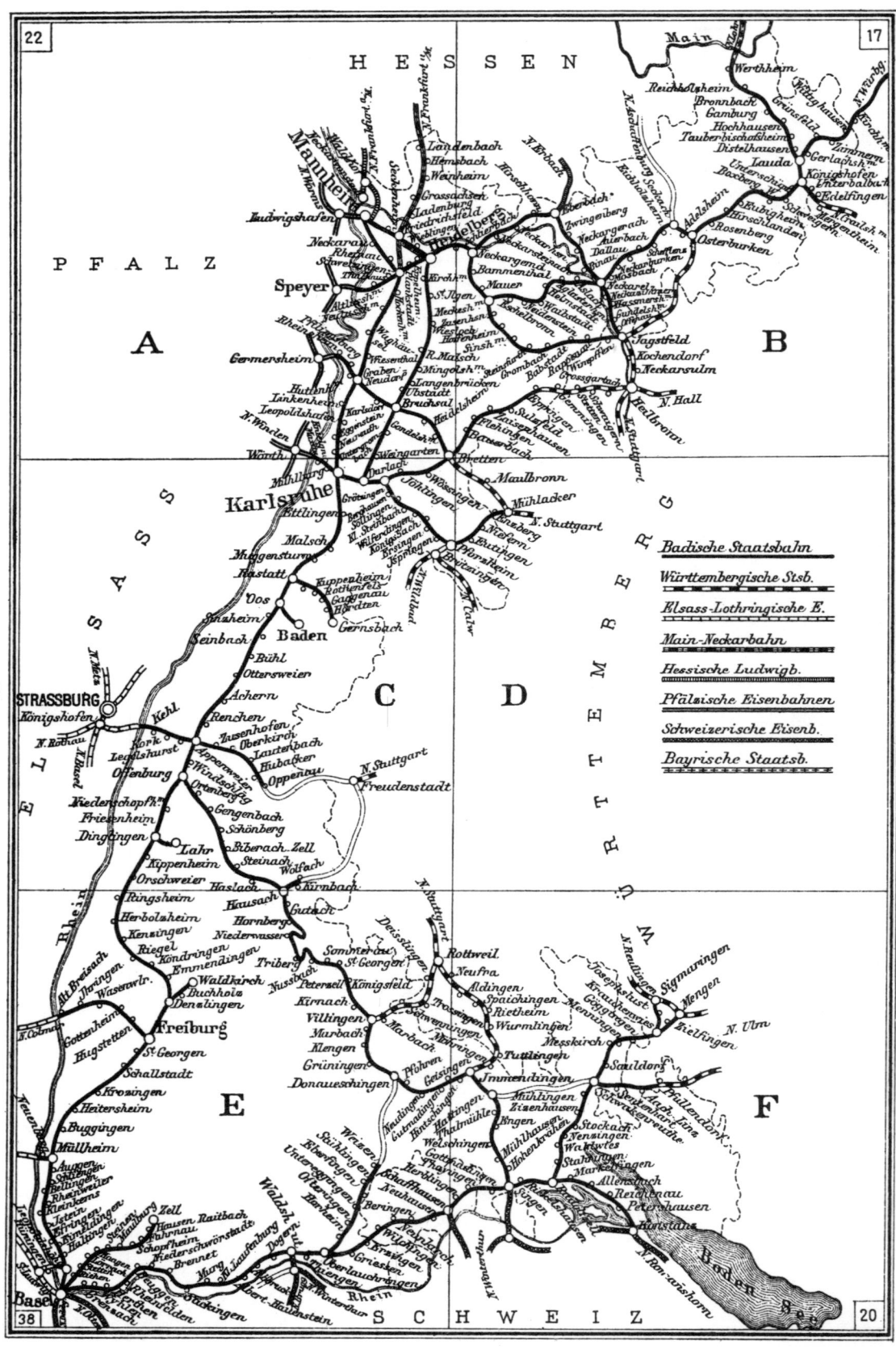

Grossherzogthum Baden.

HESSEN

PFALZ

A

B

C   D

E   F

Karlsruhe

Mannheim

Speyer

Baden

STRASSBURG

Freiburg

Basel

SCHWEIZ

Baden See

Badische Staatsbahn
Württembergische Stsb.
Elsass-Lothringische E.
Main-Neckarbahn
Hessische Ludwigsb.
Pfälzische Eisenbahnen
Schweizerische Eisenb.
Bayrische Staatsb.

Grossherzogth. Hessen, Südlicher Theil und Bayerische Pfalz.

B A Y E R N

C

B A D E N

F

H E S S E N - N A S S A U

B

E L S A S S

E

R H E I N P R O V I N Z

A

D

Legende:

— Pfälzische Eisenb.
— Hessische Ludwigsb.
— Main-Neckarbahn
— Pr.Sch.Dir.Bez.Köln Lrh.
— Pr.Sch.Dir.Ben.Frankfurt M.
— Badische Staatsb.
— Elsass-Lothringische E.
— Bayerische Staatsb.

FRANKFURT a/M.
Hanau
Offenbach
Darmstadt
Mainz
Mannheim
Heidelberg
Germersheim
Karlsruhe
Speyer
Landau
Neustadt
Kaiserslautern
Pirmasens
Zweibrücken
Homburg
Neunkirchen
Bingerbrück
N. Coblenz
Kusel

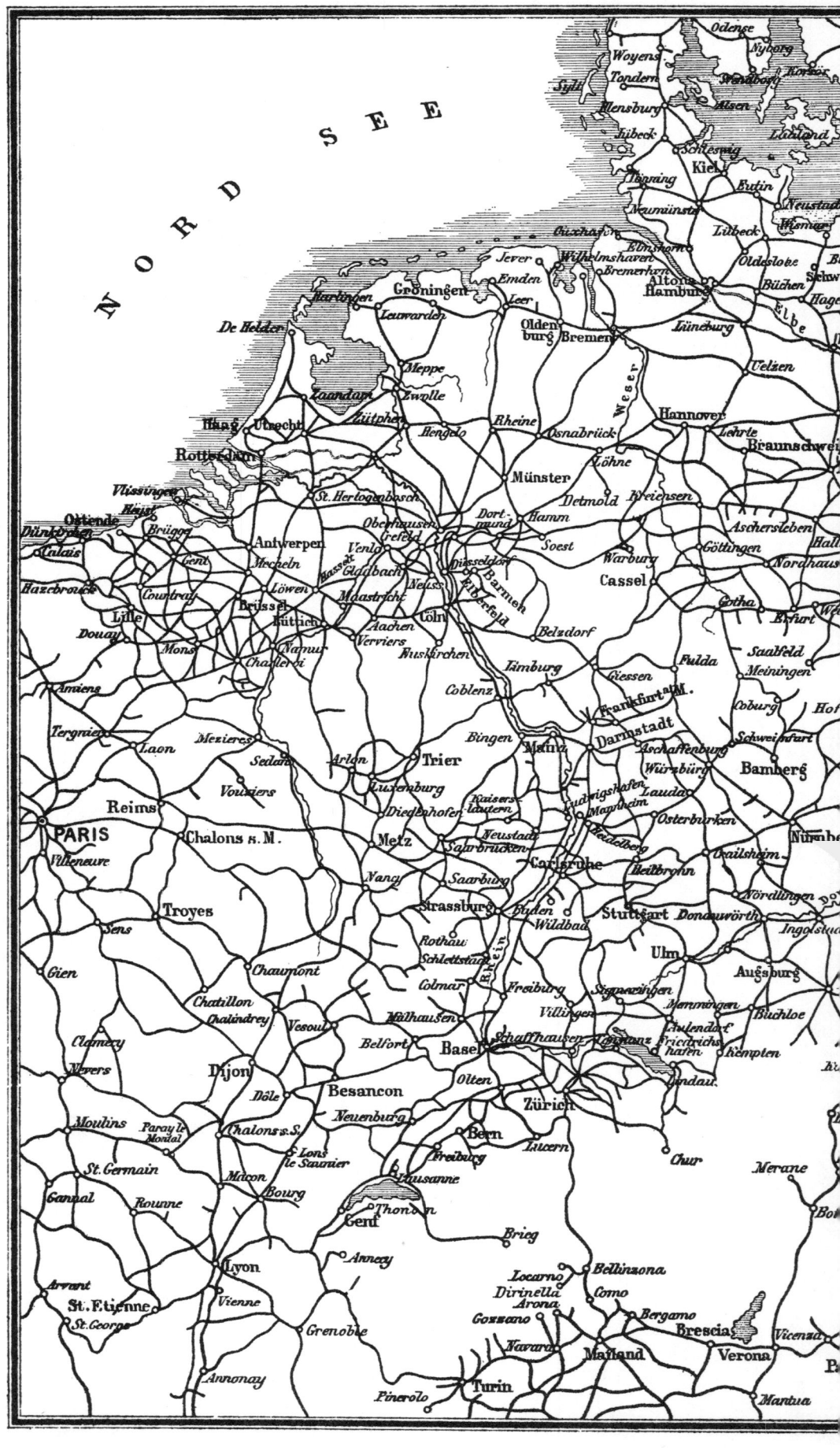

Übersichtskarte

der Eisenbahnen

von

MITTEL-EUROPA.

1882

Provinz Pommern, Westlicher Theil und Grossherzogth: Mecklenburg.

1.7

2.16

Legend:

Pr. Stab. Div. Res. Berlin.
Mecklenbg. Friedr. Franzb.
Breslau-Schwdn. Freibg. E.
Berlin-Hamburger E.
Parchim-Ludwigsluster E.

OSTSEE

POMMERSCHES oder BALTISCHES MEER

Jasmund · Insel Rügen · Bergen · Putbus · Garz · Greifswald · Wolgast · Hohendorf · Buddenhagen · Zarnekow · Zissow · Swinemünde · Osorzow · Kolpe · Isedom · Camin · Ückermünde · Bombenfriede · Ferdinandshof · Jatznick · Pasewalk · Löcknitz · Blumenhagen · Strassburg · Uertzthal · Sponholz · Stargard · Blankensee

Der Zingst · Barth · Der Darss · Stralsund · Voigtshagen · Alt Zarrendorf · Elmenhagen · Witzenhagen · Grimmen · Rakow · Jessen · Milzow

Jamund · Woldin · Gr. Ziegenort · Demerthin · Grambow · Gribow · Colbitzow · Tantow · Greifenhagen · W. Helmsfelde · Üchtdorf · STETTIN · Damm · Finkenwalde · Podejuch · Friedrichstein · N. Berlin · Onckow · Passow

Anclam · Ducherow · Treptow a. · Neubrandenburg · Möllin · Hinterst. Mühl · Penzlin · Neustrelitz · Mirow · Distelwförde · Fürstenberg · Dannenwalde · Strelitz · N. Berl.

Handow · Dernmin · Zaborvitz · Netzel · Gnevkow · Gültz · Stavenhagen · Falkenhagen · Waren · Röbel · Malchow · Plau · Malchin · Sternfeld · Gielow · Schwinkendorf · Basedow · Levenstorf · Schönau · Karow · Goldberg

Marlow · Ribnitz · Neusanitz · Tessin · Gnoien · Dargun · Jalndorf · Tetrow · Güstrow · Krakow · B · D · E · BRANDENBURG · F

Rostock · Doberau · Kröpelin · Neubukow · Gersßagen · Schwaan · Bützow · Wannow · Friedrichswalde · Sternberg · Crivitz · Lübz · Spornitz · Parchim · Neustadt · N. Wittenbg.

Fehmarn Bury · HOLSTEIN · Travemünde · Poel · Wismar · Mecklenbg · Blankenberg · Reten · Grevesmühlen · Bobitz · Lübdorf · Gadebusch · Schönberg · Lüdersdorf · Schwerin · Holthusen · Zachun · Hagenow · Jasnitz · Ludwigslust · Pritzier · Bresdlorf · Boitzenburg · Grabow · Eldena · Warnow · Dömitz · Dannenberg · Lenzen · N. Berlin · N. Lüneburg · Hitzacker · Daunenbg. Elbe · N. Wittenbg.

Lübeck

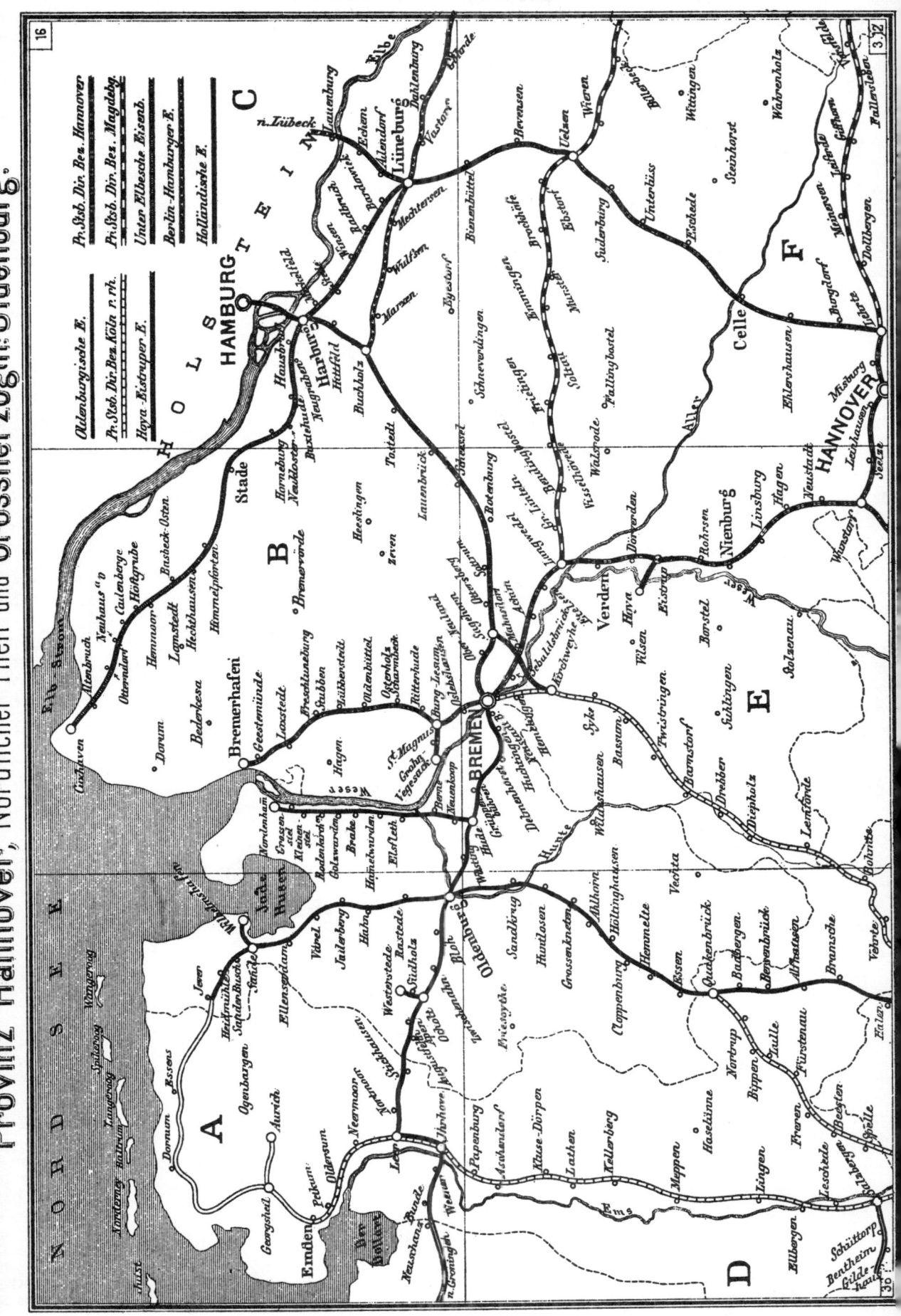

Reichsland Elsass-Lothringen.

Elsass-Lothringische E.
Badische Staatsbahn
Pfälzische Eisenbahnen
Pr.Stb. Dir.Bez. Köln Lrh.
Ausländische Bahnen

RHEIN PROVINZ

A

B

PFALZ

FRANKREICH

Luxemburg.

C

D

BADEN

F

E

SCHWEIZ

Gr.Hettingen
Fentsch
N.Luxemburg
N.Trier
Mosel
Sierck
Mallingen
Königsmachern
Diedenhofen
N.Sedan
Hayingen
Ueckingen
Reihersberg
Hagendingen
Amanweiler
N.Verdun
Moulins
Ars a.d.M.
N.Conflans
Ancev
Noveant
Maizieres
Divant-les-Ponts
Metz
Kurzel
Landonvillers
Spittel
Pange
Courcelles
Zeltre
Montigny
Remilly
Herlingen
St.Avold
Teterchen
Bolchen
Contchen
Karlingen
Kreuzwald
Uckerherm
Dufferten
Lausenbar
Bous
Völklingen
Wadgassen
Hostenbach
Kochern
Beningen
Forbach
Ottw.
Homburg
Hundlingen
Neuscheuer
Hambach
Willerwald
Saaralben
Neskastel
Saar Union
Saarwerden
Schoppern
Wolfskirchen
Niederstinzel
Finstingen
Berthelmingen
Saaraltdorf
Riccling
Pisdorf
Saarbrücken
N.Zweibrücken
Wendel
N.Lautzkirchen
Biesbrücken
Rohrbach
Kl.Rederchingen
Enchenberg
Lemberg
Bannstein
Bitsch
Philippsburg
Niederbronn
Reichshofen
Sulz
Hofen
Weissenburg
Riedseltz
Hundspach
Gundershofen
Oberno-Merzweiler
Buchswell.
Neuweiler
Dossenheim
Hattmatt
Dettweiler
Steinburg
Ottersweiler
Zabern
Lützelbg.
Hochfeld
Mommen heim
Kursenhsn.
Surburg
Walburg
Hagenau
Mariental
Bischwlr.
Geiersheim
Weinheim
Roeschwoog
Ohsenheim
Herlisheim a.d.Z.
Brumath
Mundolsh.
Venendeim
Wörth
Gambsheim
Wannenau
Bischheim
Strassburg
N.Karlsruhe
Appenweier
N.Oppenau
Rodalben
Château Salins
Salonnes
Chambrey
Vic
N.Nancy
Habudingen
Conthil
Gelbing
Vergaville
Lauterfingen
Gisselfingen
Dieuze
Azoudange
Moussey
N.Nancy
Bensdorf
Nebing
Morhingen
Bemeringen
Landorf
Brülingen
Baudrecourt
Saarburg
Hemingen
Rixingen
D.Avricourt
Aarzweiler
Maursmünster
Romanswlr.
Papiermühle
Wisselnh.
Wangen
Scharrachbergh
Molsheim
Marmoutier
Mutzig
Dorlisheim
Rosheim
Oberehnheim
Rothau
Hersbach
Schirmeck
Gertweiler
Eichofen
Barr
Dambach
Epfig
Scherweiler
Markirch
St.Kreuz
Lebert
Weinzell
Kestenholz
Schlettstadt
St.Pilt
Rappoltsweiler
Ostheim
Bennweier
Altbreisach
Colmar
Münster
Wasen Thal
Walbach
Günsbach
Egisheim
Sundhofen
Herlisheim
Neubreisach
Freiburg
Wesserling
St.Amarin
Moosch
Weiler
Bitschweiler-Thann
Oberull
Mercheim
Bühl
Gebweiler
Rufach
Bollweiler
Wittelsheim
Lutterbach
Sennheim
Thann
Aspach
Dornach
Mülhausen
Müllheim
Napoleonsinsel
Richsem
Habsheim
Senheim
Gewenheim
Burnhaupt
Zillisheim
Illfurt
N.Belfort
Minsterol
Dammerkirch
Altkirch
Sierenz
Bartenheim
St.Ludwig
Basel
N.Zell
Goldshöhe
N.Schaffhsn.
N.Olten
Rhein

Luxemburg:
N.Ulflingen
Ulflingen
Maulusmühle
Clerf
Wilwerwitz
Kautenbach
Göbelsmühle
Michelau
Ettelbrück
Diekirch
Reisdorf
Bettendorf
Bollendorf
Weilerbach
Echternach
Rosport
Bissen
Colmar-Berg
Kruchten
Born
N.Trier
Noerdingen
Mersch
Lintgen
Lorentzwlr.
Walferdingen
Dommeldingen
Weicker
Moode
Oetringen
Useldingen
Beiviford
Kischen
Capellen
Mamer
Strassen
Luxemburg
Steinfort
Kleinbettingen
Clemency
Autel
N.Brüssel
Athus
Petingen
Beles
Soleufingen
Redingen
Düdelingen
Klingwson
Bettemburg
Berchem
Remich
Oettringen
N.Metz

SCHWEIZ 38

Pr. Stsb. Dir. Bez. Elberfeld
Pr. Stsb. Dir. Bez. Köln l. rh.
Pr. Stsb. Dir. Bez. Köln n. rh.
Dortmund-Gronau-Ensch. E.
Crefelder Eisenbahn

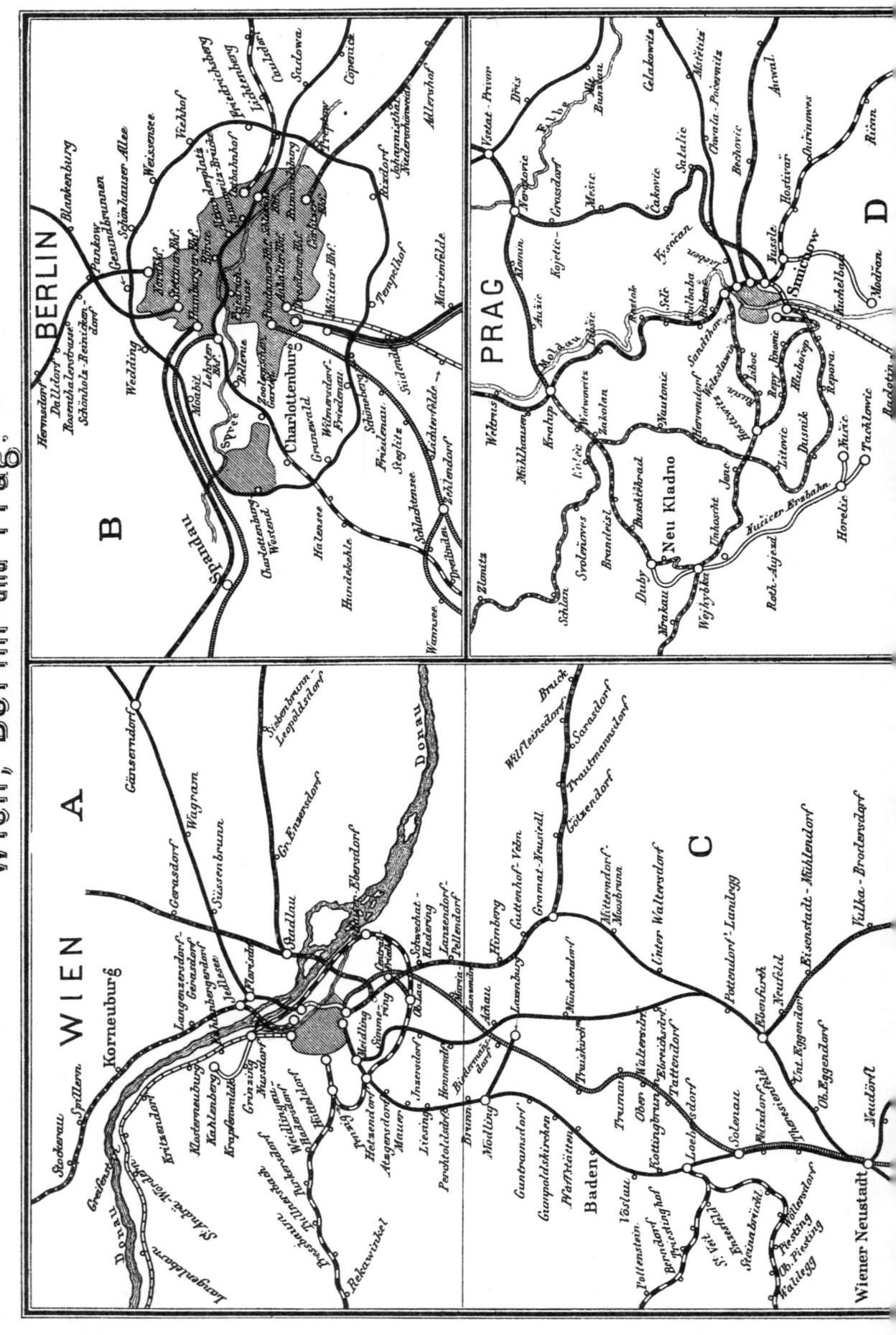

Wien, Berlin und Prag.

Bildteil

Bild 2   Am Anfang stand in Deutschland die Ludwigs-Eisenbahn Nürnberg — Fürth. Ein alter Kupferstich zeigt die Eröffnungsfahrt am 7. Dezember 1835.

(Foto: Deutsches Museum, München)

Bild 3 Erst die Eisenbahn ermöglichte den USA den Aufstieg zur Weltmacht. Eine der ersten Lokomotiven war die DeWitt Clinton der Mohawk and Hudson Railroad, 1831 von John B. Jervis entworfen und bei der West Point-Gießerei gebaut. Auf der New Yorker Weltausstellung 1939/40 erregte ein Nachbau der Lok und ihres Zuges Aufsehen.　　(Foto: Henry P. Stearns)

Rechte Seite: Drei der ältesten erhaltenen Lokomotivfotos aus den fünfziger Jahren des vorigen Jahrhunderts.

Bild 4 Die „Phoenix" der Sächs.-Böhmischen Bahn stammt aus dem Jahre 1850 und wurde 1869 in eine Tenderlok mit Namen „Psyche" umgebaut. Bild 12 zeigt sie in der veränderten Gestalt.
(Foto: Sammlung Contius)

Bild 5 Schon fast verblichen ist das Foto der Lokomotive „Wolf" der Sächs.-Bayr. Staatsbahn, 1851 von Hartmann, Chemnitz, gebaut und 1856 fotografiert.　　(Foto: Sammlung Contius)

Bild 6 Noch älter ist die aus dem Jahre 1848 stammende „Elbe". Sie wurde auf der Sächs.-Böhmischen Bahn zwischen Pirna und Obervogelgesang fotografiert.　　(Foto: Mäde)

Bild 4

Bild 5

Bild 6

Bild 7   Eine der wenigen Zugaufnahmen aus jenen alten Zeiten. Auf dem Wagendach saßen die Bremser, die Bremskurbel oder den langen Bremshebel auf ein Pfeifsignal hin zu bedienen.

(Foto: Sammlung Griebl)

Bild 8   Abermals ein altes Originalfoto, 1875 im Bahnhof Weida in Thüringen aufgenommen. Die Lokomotive „Osterland" der Sächs. Westl. Staatsbahn entstand 1865 bei Hartmann.

(Foto: Sammlung Contius)

Bild 9 Eigenartig sahen die Schnellzuglokomotiven der Bauart Crampton mit ihrem mächtigen, hinter dem Führerstand liegenden Treibrad aus. Unser Bild zeigt die „A. Jaeger", eine Esslinger Konstruktion von 1863.   (Foto: Sammlung Dr. Scheingraber)

Bild 10 Sind sie nicht köstlich anzuschauen, unsere alten Eisenbahner aus dem Jahre 1895? Ihre Welt war noch halbwegs in Ordnung. Die „Kieritzsch" weist die Achsfolge 1 A 1 auf und wurde von Hartmann geliefert.

(Foto: Sammlung Contius)

Bild 11 Noch ein Veteran aus 1855, die „Glückauf" der Albertbahn. Das waren schon tüchtige Maschinen, die Aufnahme stammt aus dem Jahre 1902, die Lok wurde erst im Februar 1905 ausgemustert.   (Foto: Contius)

Bild 12 Die Dorfjugend bestaunt die auf der Strecke Birkigt — Gittersee verunglückte Lok „Psyche", die umgebaute „Phoenix" von Bild 4. Die Aufnahme stammt aus den siebziger Jahren des vorigen Jahrhunderts.   (Foto: Sammlung Contius)

Bild 13 Für einfache Verhältnisse genügten Lokomotiven mit nur zwei Achsen. Die „Breithaupt" wurde 1874 von Hartmann gebaut und versah Dienst auf der Bahn Chemnitz — Komotau. Noch 1925 stand sie als Heizlok im Bw Engelsdorf. (Foto: Sammlung Contius)

Bild 14 Seltener Blick in den Führerstand einer jener alten Lokomotiven. Wie einfach sah das alles noch aus. Und die zwei Strategen haben sich auch mächtig in Positur geworfen!

(Foto: Sammlung Contius)

Bild 15 Die 1865 von Borsig gebaute und an die Cöln-Mindener Eisenbahn gelieferte „Saar-brücken" beförderte Güterzüge im Raum Dortmund.   (Foto: Sammlung Dr. Mühl)

Bild 16 Es ging bei jenen alten Fotos meist weniger um die Lok als vielmehr um ein Bild ihrer Betreuer fürs Familienalbum. So ist wohl auch hier die „Teplitz", Baujahr 1870, mehr Statist als Mittelpunkt.   (Foto: Sammlung Contius)

Bild 17   Die vielleicht wertvollste Bildersammlung aus den Anfängen stammt von Werner Contius, dessen Namen wir hier immer begegnen. Im Jahre 1904 fotografierte er im Bahnhof Pötzscha-Wehlen eine 1872 von Hartmann gebaute Lok, die noch deutlich die alten Bauformen aufweist.   (Foto: Contius)

Bild 18 Personenzuglokomotive „Sendling" der Bayerischen Staatsbahn, 1906 in Hof aufgenommen. Die Lok wurde 1857 von I. A. Maffei in München gebaut. (Foto: Contius)

Bild 19 Eine sächsische Schnellzuglokomotive aus einer Borsig-Lieferung von 1865. Sie stand bis 1904 in Dienst. (Foto: Contius)

Bild 20 In den achtziger Jahren kamen sogenannte „Omnibus-Lokomotiven" für leichte Kurz-
streckenzüge auf. Das Foto zeigt eine solche 1887 gebaute sächsische Lok.   (Foto: Contius)

Bild 21 Etwas größer waren die Verschiebe- und Nebenbahn-Lokomotiven, wie die abgebildete
„Moltke" von 1891. Im Hintergrund Abteilwagen alter und neuer, vierachsiger, Bauart.

(Foto: Contius)

Bild 22 Die Konkurrenz, der Benzinmotor, hatte sich seit der Jahrhundertwende gewaltig gemausert und setzte zum Angriff gegen die Dampflok an. Einer der allerersten „Schienenbusse",
einfach ein auf Schienen gestellter Straßenomnibus, aus dem Jahre 1913.

(Foto: Sammlung Contius)

Bild 23 Noch gehört die Landstraße der Kleinbahn, die sie mitbenutzt wie hier das Bähnlein Hetzbach — Beerfelden im Odenwald. Aufnahme um 1930. (Foto: Dr. Feißel)

Bild 24 Und auch hier stand der Straßenverkehr noch nicht zur Debatte. Man ging zu Fuß oder per Bahn. Nebenbahn Chemnitz — Furth, Pfingsten 1911. (Foto: Sammlung Lindemann)

Bild 25 Dampftriebwagen der von der MF Esslingen entwickelten Bauart Kittel erfreuten sich über Jahrzehnte großer Beliebtheit. Der abgebildete Wagen lief zwischen Chemnitz und Erdmannsdorf und wurde erst 1925 ausgemustert. (Foto: Contius)

Bild 26 Größer und teilweise sogar zweistöckig waren die Thomas-Dampftriebwagen. Aufnahme 1909 in Cassel-Niederzwehren. (Foto: Dr. Feißel)

Bild 27 Die Maschinenfabrik Esslingen lieferte 1866 die Lok „Freiberg" an die Leipzig-Dresdener Eisenbahn. Auf dem Führerstand W. Contius, dem wir so viele wertvolle Fotos jener alten Loks verdanken. (Foto: Contius)

Bild 28 Ein Blick auf den Bahnhof Altenburg/Thür. 1904. Im Vordergrund eine „moderne", 1890 gebaute Güterzuglok (Foto: Contius)

Unsinno Rad-⌀!

Bild 29   Um die Jahrhundertwende hatte die Eisenbahn weite Teile der USA der Besiedlung erschlossen. Die ersten Fernschnellzüge kamen auf, wie hier der „North Coast Limited", geführt von einer 2 C-Lok der Northern Pacific Railroad und im April 1900 fotografiert.

(Foto: Northern Pacific)

Bild 30 Mit dem Aufkommen der vierachsigen schweren D-Zugwagen begann kurz vor der Jahrhundertwende auch in Deutschland die Zeit der Fernzüge. Das Foto zeigt den D-Zug Basel — Vlissingen, geführt von pfälzischer P 3I-Schnellzuglok vor der Einfahrt in Bahnhof Bingerbrück. (Foto: Sammlung Dr. Scheingraber)

Bild 31 (unten) Der Personenzug Dresden — Bodenbach bei der Ausfahrt aus Bahnhof Pötzscha am 7. Juni 1906. (Foto: Contius)

Bild 32 (rechte Seite) Nochmals Altenburg/Thür. im Jahre 1904. Ausfahrt des D 22, Berlin — München, geführt von Lok 181, Klasse X V der Sächs. Staatsbahn. (Foto: Contius)

Bild 33   Der alte Bahnhof Berlin-Friedrichstraße nach einer Aufnahme aus dem Jahre 1908.
Auf der Brücke eine preußische S 6-Schnellzuglokomotive.   (Foto: Sammlung Kirchner)

Bild 34   Noch älter ist dieses Foto des Bahnhofs Bebra, dessen Bedeutung als Drehscheibe des
Schienenverkehrs bis heute ungeschmälert ist.   (Foto: Sammlung Balen)

Bild 35 Preußische Personenzuglokomotive P 4² aus der Zeit der Jahrhundertwende. Die Aufnahme entstand beim Einsatz während des Ersten Weltkrieges in Wilna.

(Foto: Sammlung Maixner)

Bild 36 Bahnhof Schneidemühl — das Bebra des Ostens, aufgenommen 1905. Links eine preußische S 3-Schnellzuglokomotive.   (Foto: Sammlung Kauper)

Bild 37 Zenith des Eisenbahn-Jahrhunderts in Wien-West 1913. Wie war man stolz auf diese hochmoderne, mächtige „Gebirgs-Schnellzuglokomotive" Nr. 380.116 der K. k. Österr. Staatsbahn. (Foto: Zell/Griebl)

Bild 38 Blick in die Mittelhalle des Dresdener Hauptbahnhofes um 1926. Lokomotiven 17 704 und 714 im Vordergrund. (Foto: Sammlung Hirth)

Bild 39 Frankfurt (Main) 1914. Noch stehen nur die drei großen Mittelhallen. Preußische Schnellzuglokomotive S 5² der Preußisch-Hessischen Gemeinschaftsdirektion Mainz 517.
(Foto: Hubert)

Bild 40 Der Schnellzug aus Hannover ist soeben in Hamburg Hbf eingelaufen. Die Lokomotive ist eine preußische S 6, Aufnahme um 1912. (Foto: Sammlung Rosumek)

Bild 41 Bahnhof Oberhausen um 1905. Ausfahrt des Personenzuges nach Meiderich — Homberg, früh 9 Uhr. (Foto: Sammlung Montenberg)

Bild 42 FD 5, Frankfurt (M) — Berlin, verläßt Hanau, geführt von einer nagelneuen Einheitslok der Baureihe 01. Aufnahme 1926. (Foto: Dr. Feißel)

Bild 43   Eisenbahn-Hochburg Halle (Saale) 1936, der der Verfasser seine Liebe zur Eisenbahn
verdankt.   (Foto: Maedel)

Bild 44   Oldenburg im Sommer 1938 mit vier altpreußischen Lokomotiven. Links die beiden
S 10¹ Nr. 17 1014 und 1086.   (Foto: Dr. Weyer)

Bild 45 Ein prächtiges Foto aus dem Jahre 1931. Der FD 80 Berlin — München, geführt von der damals im preußischen Halle stationierten bayerischen Lok 18 546, nimmt die Steigung des Frankenwaldes bei Rothenkirchen.   (Foto: Bellingrodt)

Bild 46 Das Eisenbahn-Jahrhundert auf seinem letzten Höhepunkt im Jahre 1936. Blick auf die Bahnanlagen von Brilon-Wald mit dem einfahrenden D 29. Lok 38 2050.

(Foto: Bellingrodt)

Bild 47 Vielfalt des großen Bahnhofes, wie sie der junge Eisenbahnfreund im Jahre 1935 in seiner Heimatstadt täglich erleben konnte. Sächsische Personenzuglok 38 265 fährt vom Schuppen an den Zug.   (Foto: Maedel)

Bild 48 Dieses Foto der seltenen Lok 17 204 mit Zweiachsantrieb kostete eine Stunde Schulschwänzen. Vor lauter Aufregung hat der Fotograf auch noch gewakkelt.   (Foto: Maedel)

Bild 49 Auch dieses Foto hat seine Geschichte, denn ausgerechnet heute hielt die Nürnberger S 3/6 nicht am Einfahrtssignal zum Bahnhof. Wegen ihres Spitzführerhauses sollte sie aber unbedingt fotografiert werden.   (Foto: Maedel)

Bild 50 Nochmals Abendglanz des Dampfzeitalters in Deutschland. Schnellfahrlok 05 001 vor dem FD-Zug Hamburg — Berlin im Jahre 1938. Rechts eine S 10 der ehemals privaten Lübeck-Büchener Eisenbahn.
(Foto: Dr. Weyer)

Bild 51   Der Nachtschnellzug Basel — Berlin, D 1, vor der Abfahrt im Badischen Bahnhof in Basel, Juni 1932 fotografiert.   (Foto: Schneeberger)

Bild 52   Hamburg Hbf 1938. Lok 18 313 steht abfahrbereit vor dem Schnellzug nach Bremen. Im Hintergrund wieder eine S 10 der Lübeck-Büchener Eisenbahn.   (Foto: Pfeiffer)

Bild 53 Begegnung in Dresden mit dem D-Zug Dresden — München und seiner Lok 19 023 im Jahre 1931.   (Foto: Sammlung Hirth)

Bild 54 Bahnhof Amstetten in Österreich 1941. Lok 57 217 muß Wasser nachfassen. Die abgedunkelten Laternen weisen auf das Kriegsjahr hin.   (Foto: Hoppe)

Bild 55 Auch hier muß nach anstrengender Bergfahrt Wasser nachgetankt werden. Blick auf den Bahnhof Villefort am Mont Lozère in Frankreich, 605 m hoch.   (Foto: Cellard)

Bild 56 Die Gebirgsstrecken machten aufwendige Kunstbauten erforderlich. In der „Hersbrucker Schweiz", Strecke Nürnberg — Schnabelweid, kann man durch vier Tunnel gleichzeitig blicken. Tunnel Hufstätte 80 m, Tunnel Sonnenburg 190 m, Tunnel Gotthardt 318 m, Tunnel Heidenhübel 170 m. (Foto: Köditz)

Bild 57 Überführung der Wasserstraße des Finow-Kanals über die Eisenbahn Berlin — Stettin bei Eberswalde. (Foto: Sammlung Dr. Scheingraber)

Bild 58 Über Jahrzehnte hinweg machten Flußüberquerungen große Schwierigkeiten. So bedeutete der Bau der Rheinbrücke Mannheim — Ludwigshafen im Jahre 1867 eine großartige technische Leistung. Die Eisenbahn, die ursprünglich durch das linke Portal führte (rechts verlief die Straße), wurde 1932 auf eine eigene Gitterträgerbrücke verlegt. (Foto: Archiv)

Bild 59 Die älteste deutsche Fernbahn Leipzig — Dresden mit dem Einschnitt bei Machern als frühem Wunderwerk, 1936 aufgenommen. Wie hat sich der Aufsichtsbeamte in Positur geworfen! (Foto: Köditz)

Bild 60 Vom Scheitel bis zur Sohle — eine Persönlichkeit! Porträt des Königl. Sächsischen Oberhofzugführers Traugott Peeger aus dem Jahre 1909. Das waren Männer, wie sie nur aus dem obrigkeitlichen Status der Eisenbahnen erklärbar sind und ein allem Geschehen übergeordnetes geheiligtes Ordnungsprinzip verkörperten.

Bild 61 Was wir alle einmal werden wollten: Lokführer. Blick in das Führerhaus einer österreichischen 214 samt deren Mannschaft um 1935 in Wien-West.   (Foto: Zell/Griebl)

Bild 62 Auf der untersten Sprosse der Hierarchie stand der Heizer, dem die schmutzigsten
Arbeiten an der Maschine oblagen. Man beachte die peinliche Sauberkeit des Triebwerks.
                                                                          (Foto: Zell/Griebl)

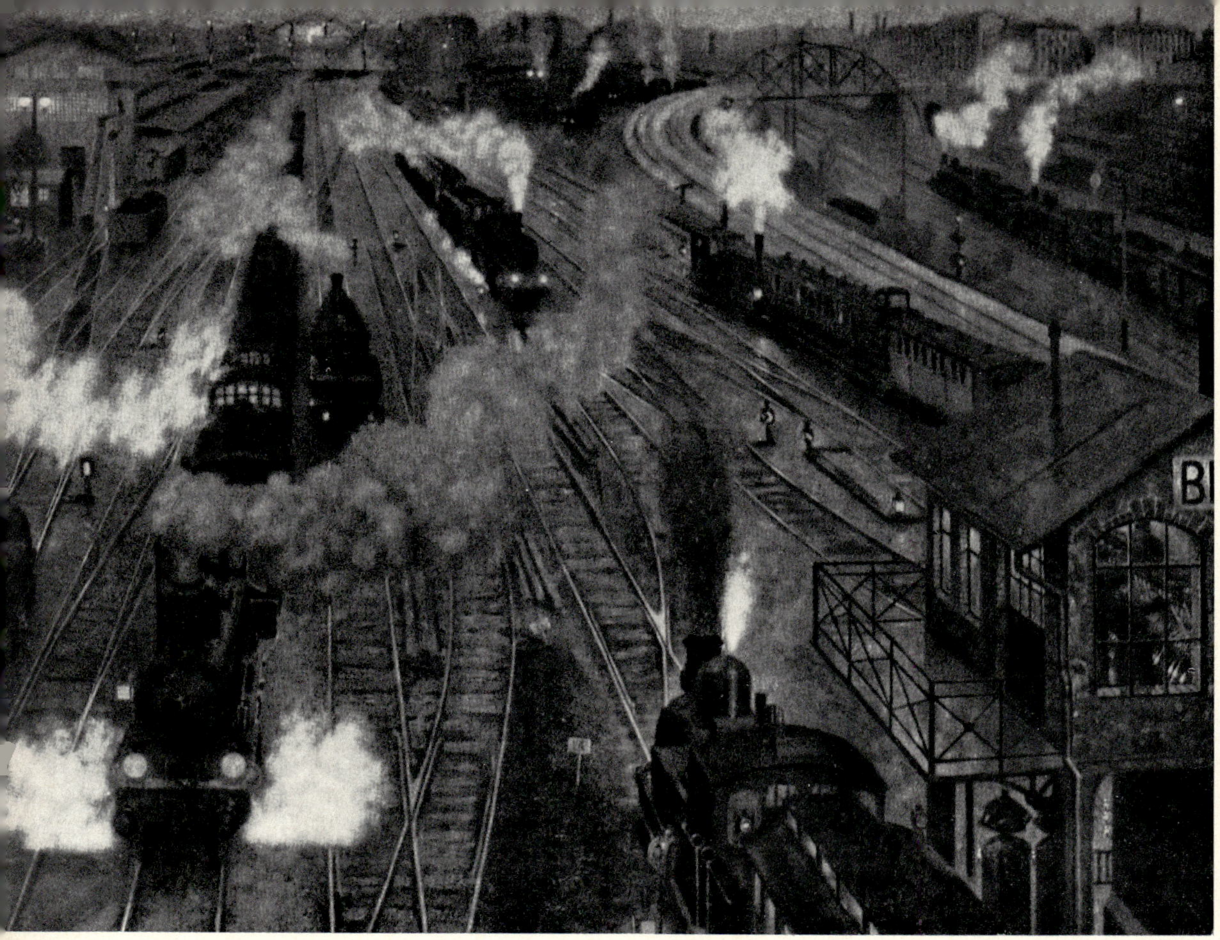

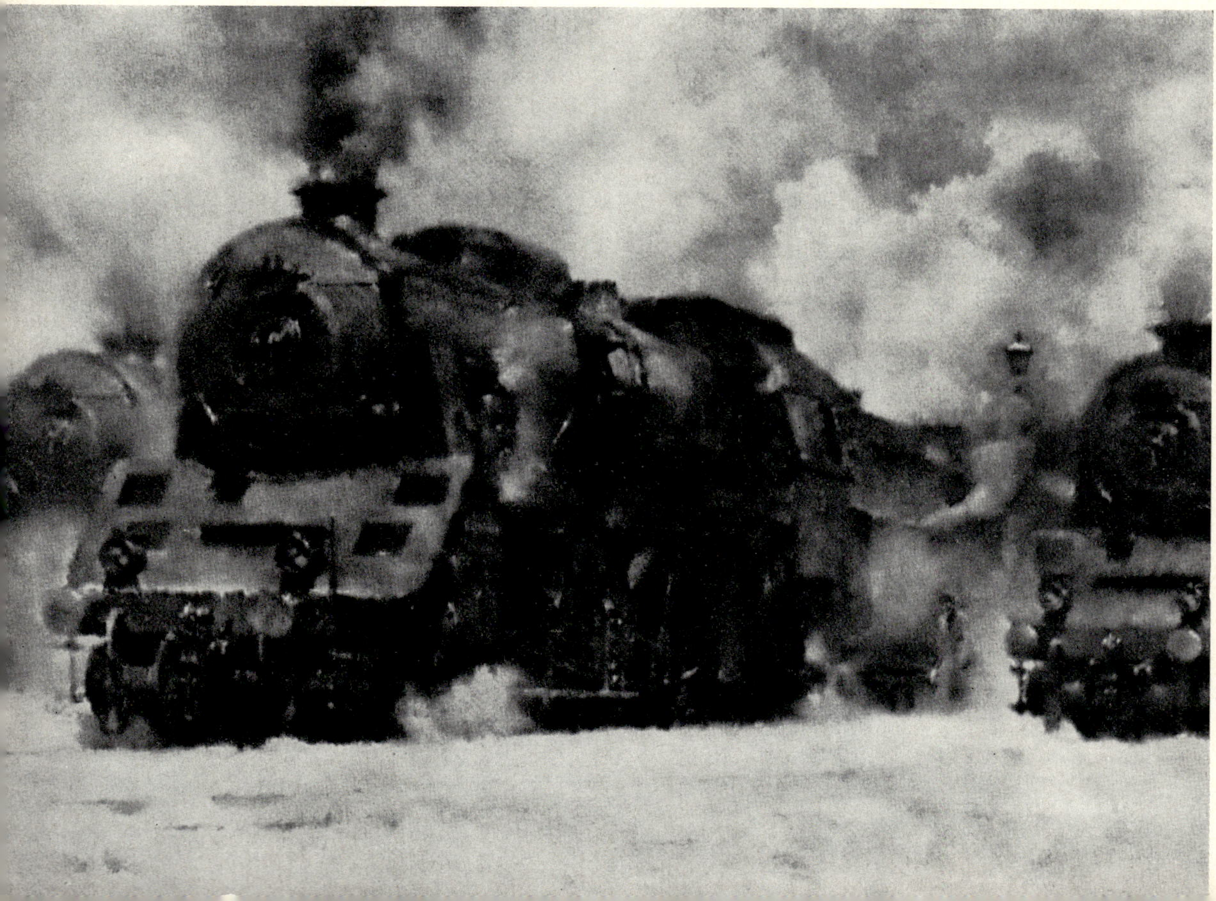

Bild 65   Neorealistisch erscheinen die Bilder von Arnold Müll, dessen Themen immer wieder um die Imposanz des Dampfes kreisen, die er in vielerlei Varianten dargestellt hat. Sein Bild „Dampfzug in den Karpaten" entstand 1964.

Bild 63 (linke Seite, oben)   Von Anbeginn an hat die Eisenbahn zu künstlerischem Gestalten angeregt. Zu ihren bedeutendsten Darstellern gehört Hans Baluschek (1870—1935), dessen Ölgemälde „Großstadtbahnhof bei Nacht" im Jahre 1904 viel Aufsehen erregte.

Bild 64 (linke Seite, unten)   Ausdrucksstark sind die Bilder des Tschechen Vilém Kreibich, wie hier sein Gemälde „Die drei Schwestern". Kreibich zählt zu den stärksten Begabungen auf diesem Gebiet.

Bild 66 Mit Bleistift und Tuschfeder schuf Walter Zeeden zahlreiche packende Stimmungsbilder aus der Welt der Eisenbahn, wie auch der Schiffahrt. Die abgebildete Zeichnung war als Titelbild für einen Schwartzkopff-Werkskatalog gedacht.

Bild 67   Die 1914 entstandenen Zeichnungen von Felix Schwormstädt haben fast ausschließlich das Thema Krieg zum Inhalt und entsprechen in ihrer Realistik durchaus der Begeisterung jener ersten Kriegstage. Die abgebildete Zeichnung trägt den Titel „Hinaus ins Feld".

Bild 68 Krieg! — Fotos, bezeichnend für die Schrecken jener Zeit! An die Stelle des Reisens trat der „Transport". Alles wurde transportiert, Soldaten, Flüchtlinge, Zwangsarbeiter. Juden . . . Aufnahme 1941 im besetzten Ostgebiet.

(Foto: Griebl)

Bild 69 Deutsche Lokomotive und deutsche Eisenbahner vor einem Transportzug, aufgenommen 1941 auf der Strecke Orscha — Smolensk.   (Foto: Lautenschläger)

Bild 70 Auf einem provisorisch hergerichteten Bahnsteig in Rußland warten deutsche Soldaten auf ihre Weiterfahrt.   (Foto: Lautenschläger)

Bild 71 Als Kehrseite — die Not der Heimat! Hier werden Kohlen „geklaut". Aufnahme in
Belgien 1940.   (Foto: Lautenschläger)

Bild 72 Aufgleisung einer als Panzerzug-Lok hergerichteten russischen Lokomotive mit Hilfe eines sogenannten Deutschlandgerätes. Aufnahme 1941 in Roslawl.   (Foto: Lautenschläger)

Bild 73 Derweil mußten Lokomotiven aus den besetzten Ländern in Deutschland aushelfen. Dem Personenzug Horb — Stuttgart ist hinter seiner 38¹⁰-Lok noch eine 2 C-Lok der französischen PLM-Gesellschaft vorgespannt. Aufnahme 1942 bei Herrenberg.   (Foto: Dr. Feißel)

Bild 74 Ein Transportzug dampft über die russische Steppe. Im Vordergrund Spuren des Vor-
marsches der Truppen, Aufnahme 1942.   (Foto: Lautenschläger)

Bild 75 Partisanen am Werk! Gesprengte Lok 38 2523, im Osten 1942 fotografiert. Wie's da drin aussieht, das möchten die Landser gern wissen.   (Foto: Lautenschläger)

Bild 76 Ein makabres Bild: Beim Bombenangriff auf Dresden am 17. 4. 1945 erhielt die Lok 18 002 einen Volltreffer.   (Archivfoto)

Bild 77 Während des Zweiten Weltkrieges liefen tschechische Lokomotiven bis Dresden durch. D-Zug Berlin — Prag — Wien passiert die „Bastei" in der Sächsischen Schweiz 1942.

(Foto: Hubert)

Bild 78 (rechte Seite, oben) Bei Burg Lauenstein im Frankenwald verläuft heute die Zonengrenze. Dem Fotografen wäre 1935 dieser Begriff gewiß absurd erschienen, als er den E 170, Leipzig — München, nach Passieren des kleinen Bahnhofs Lauenstein fotografierte.

(Foto: Köditz)

Bild 79 (rechte Seite, unten) Ein neuer Begriff: Interzonenzug! Schnellzug Frankfurt/M — Leipzig auf der Steigung bei Ronshausen 1957.　　　　(Foto: Maedel)

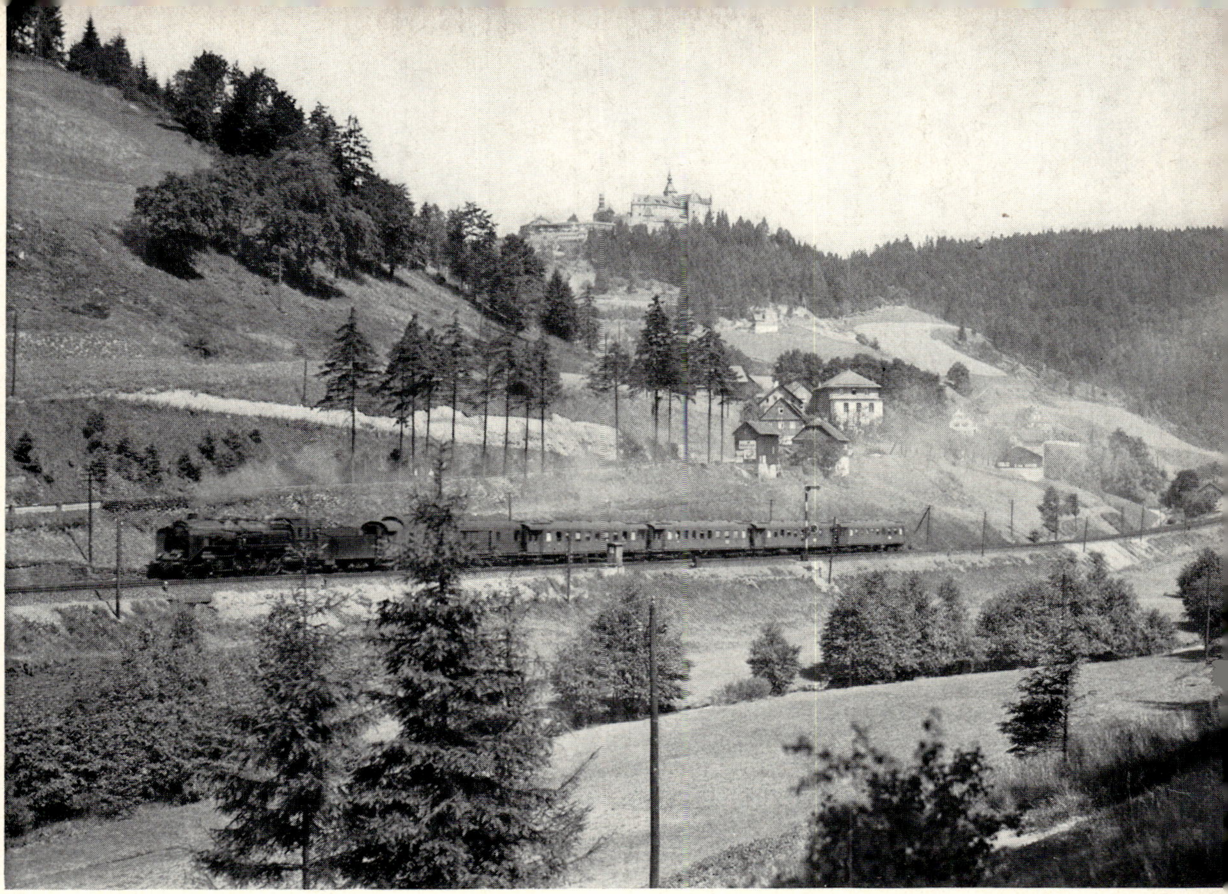

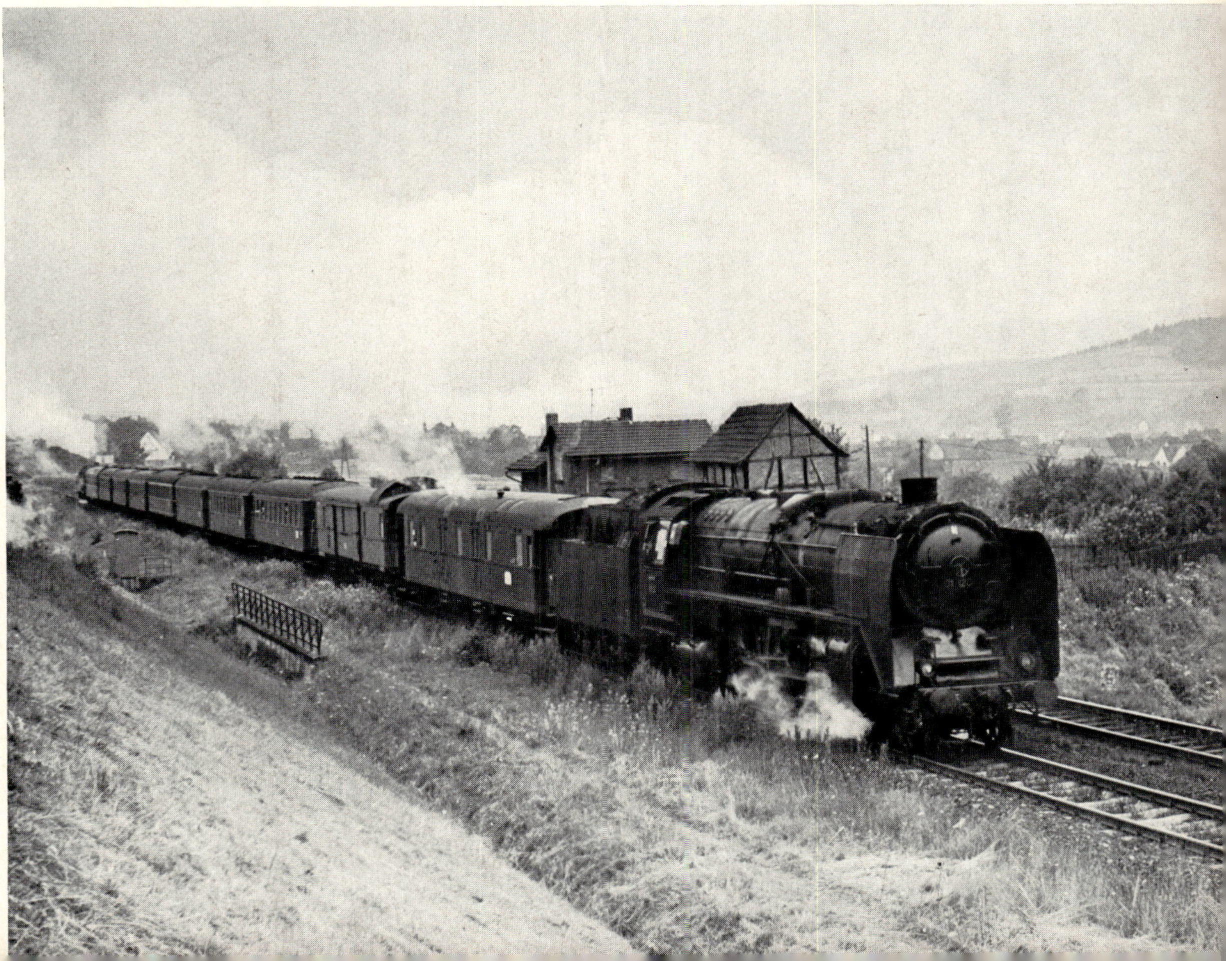

Bild 80 Während Europa sich selbst zerfleischte fand die Dampflok in den USA ihre letzte Vollendung. Die „Niagaras" der New York-Centralbahn stehen am Ende des Eisenbahn-Jahrhunderts. Aufnahme in Cleveland, Ohio, 1953. (Foto: Vollrath)

Bild 81 Die „Big Boys" der Union Pacific Railroad sind die größten Dampfloks der Welt. Aufnahme bei Hermosa, Wyoming, Juni 1958. (Foto: Vollrath)

Bild 82 Überlandschnellzug alter Art auf der Nikel Plate Railroad als Sonderfahrt für Eisenbahnfreunde 1960. (Foto: Sammlung Haas)

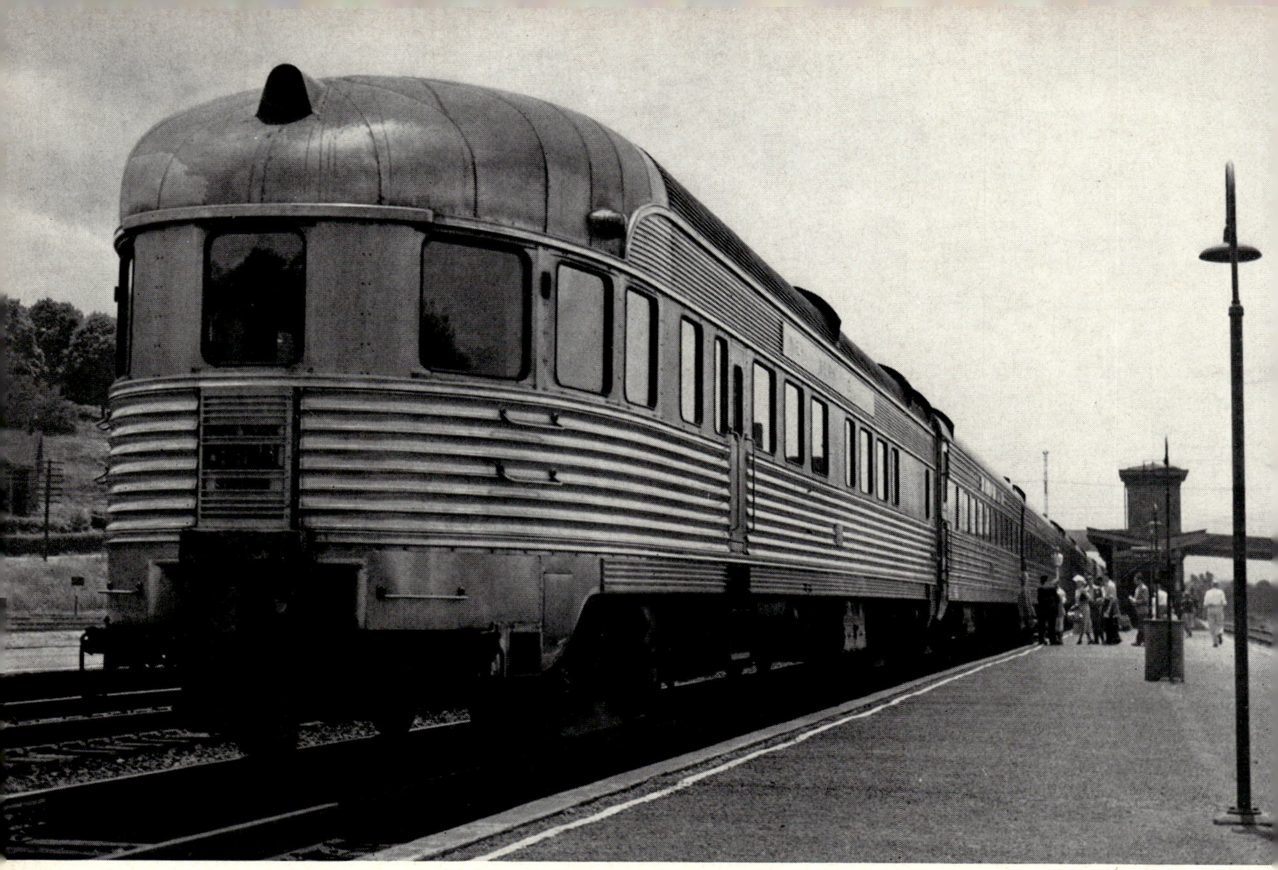

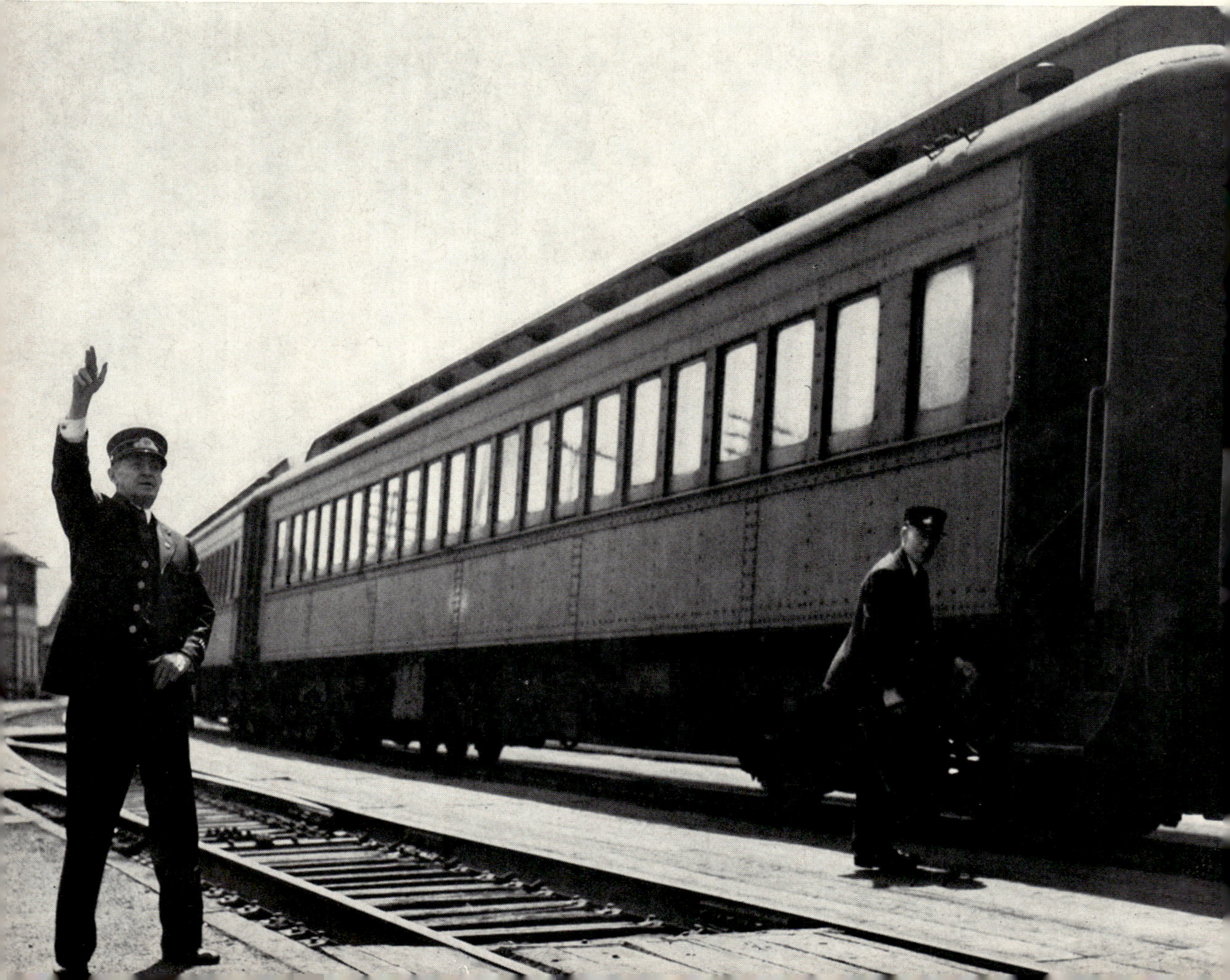

Bild 85   Inneneinrichtung eines Luxus-Fernschnellzuges der New York Centralbahn nach 1945.
(Foto: NYC)

Bild 83 (linke Seite, oben) Ein Fernschnellzug der New York Centralbahn mit modernen, in Leichtbauweise hergestellten Luxuswagen.   (Foto: NYC)

Bild 84 (linke Seite, unten) Als Gegensatz hierzu ein schwerer, sechsachsiger Pullman-Wagen der zwanziger Jahre.   (Foto: Sammlung Haas)

Bild 86   Was alles zum Eisenbahn-Jahrhundert gehörte: Der Wasserkran für die Dampflokomotiven. Aufnahme Dezember 1939 in Neubrandenburg.   (Foto: Dr. Weyer)

Bild 87   Wenn der Schieber nicht rechtzeitig zugedreht wird! Offenbach 1960.   (Foto: Maedel)

Bild 88 Bahnbetriebswerk Hof 1963 mit einer der letzten ehemals bayerischen Güterzugloko-
motiven der Klasse G 3/4. (Foto: Maedel)

Bild 89 Ein Jahrhundert lang dienten die Formsignale in ihren verschiedensten Ausführungen der Sicherheit des Bahnbetriebes. Zwei nach oben zeigende Flügel bedeuten Ausfahrt mit Geschwindigkeitsbegrenzung. Reinheim 1962.

(Foto: Maedel)

Bild 90 Bis gegen Ende der dreißiger Jahre gab es noch dreiflügelige Hauptsignale, wie hier in Halle, 1934 aufgenommen. Im Hintergrund der einfahrende D 40.   (Foto: Maedel)

Bild 91 Altes württembergisches Hauptsignal in Ulm, zu Pfingsten 1927 fotografiert. Daneben eine ehemals württembergische Schnellzuglokomotive der Klasse C.   (Foto: Baumberg)

Bild 92 (linke Seite) Bayerisches Haupt- und Vorsignal, letzteres „Schmetterling" genannt, am oberen Ende der „Schiefen Ebene" beim Bahnhof Marktschorgast 1935. (Foto: Köditz)

Bild 93 Das gleiche Signal in Durchfahrtsstellung. Wer verspürte nicht den Wunsch, auch den heraufpustenden Zug samt seiner Schiebelok noch einmal zu sehen? (Foto: Köditz)

Bild 94 Schrankenwärterposten 30 bei Kulmbach mit Schrankenwärterswitwe Anna Türk, 1947, die in schwerer Zeit Dienst verrichtete. Links der Läuteturm. (Foto: Köditz)

Bild 95 (rechte Seite, oben) Ein Befehlsstellwerk, das die hundert Jahre seines Bestehens äußerlich unverändert überdauert hat. Bahnhof Heldenbergen-Windecken 1962. (Foto: Maedel)

Bild 96 (rechte Seite, unten) Verwirrend erscheinen die vielen Signalmaste im Bahnhof York, England. Lok LNE 2551 „Prince Palatine" vor dem Edinburgh-London-Express.

(Foto: Real Photographs Co. Ltd.)

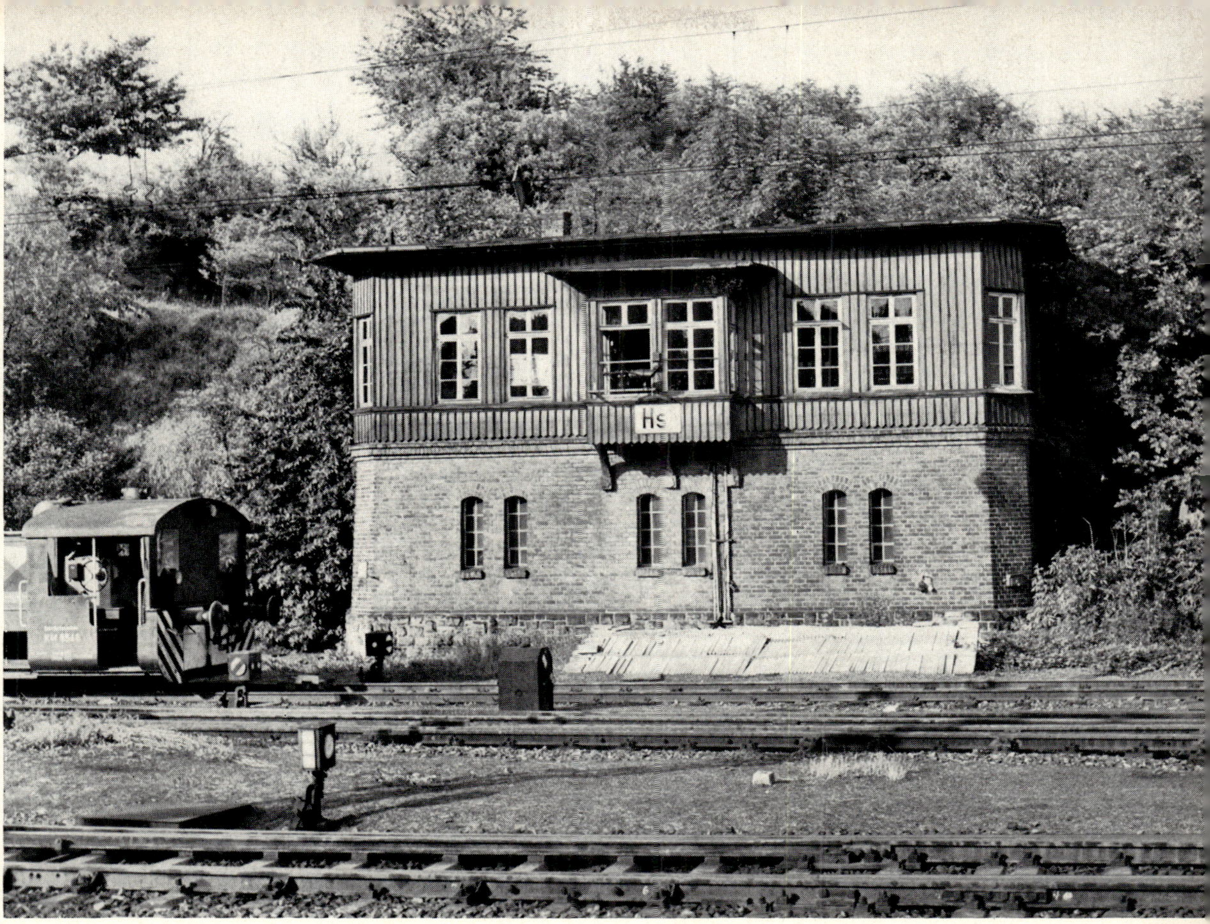
Hs

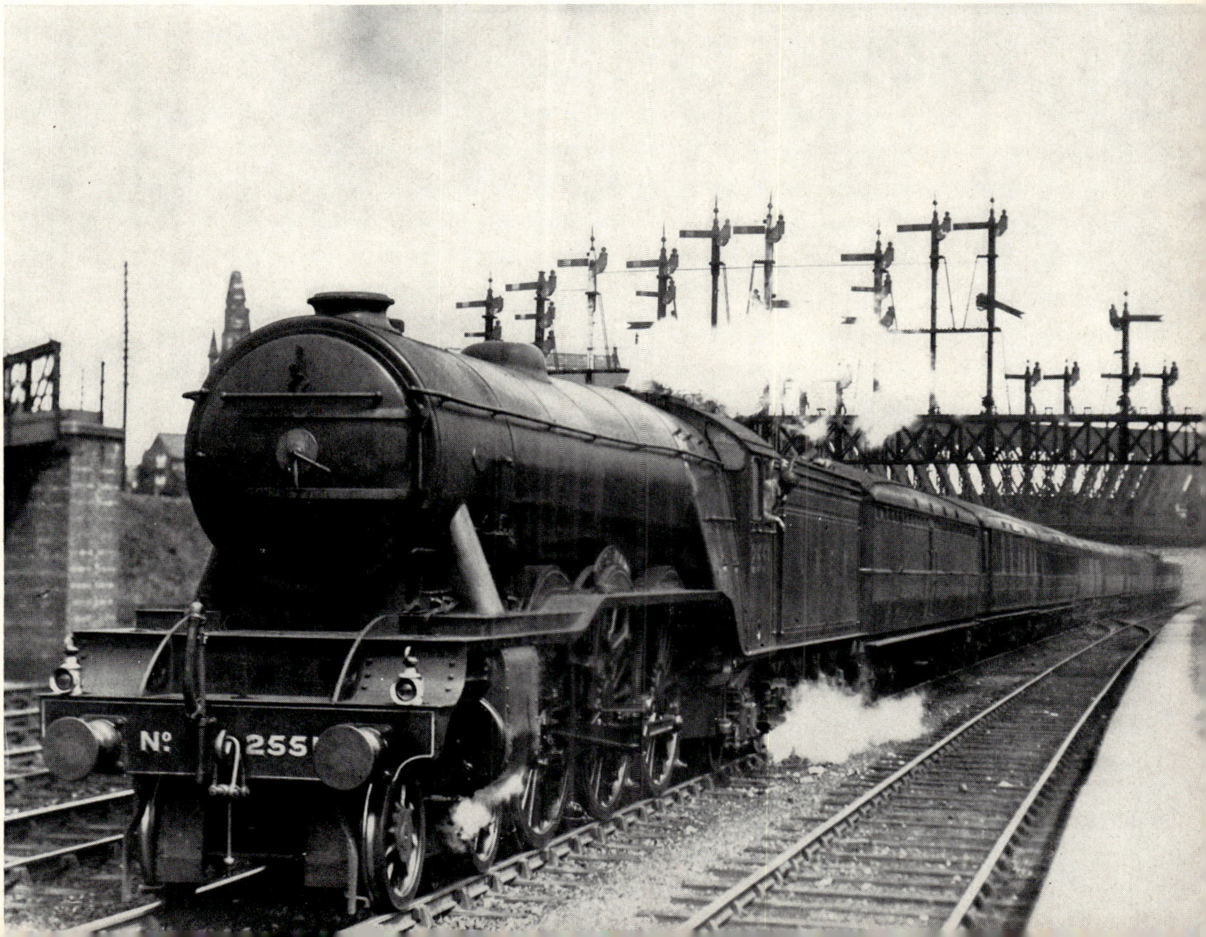
Nº 255

Bild 97   Block- und Hebelstellwerk alter Bauart, das heute schon der Geschichte angehört.

(Foto: Baier)

Bild 98 (rechte Seite, oben)   An dieser Tafel, wie sie in ähnlicher Form früher in jedem Bahnhof hing, scheint die Zeit spurlos vorübergegangen zu sein. Aufnahme im Jahre 1965 im Bahnhof Malsfeld.

(Foto: Jahn)

Bild 99 (rechte Seite, unten)   Auch er ist typisch für das Eisenbahn-Jahrhundert: Der Literaturkarren, der auf dem Bahnsteig am wartenden Zug entlanggeschoben wurde. Was wurde da einst alles geboten! Aufnahme in Paris West 1965.

Foto: Krenek)

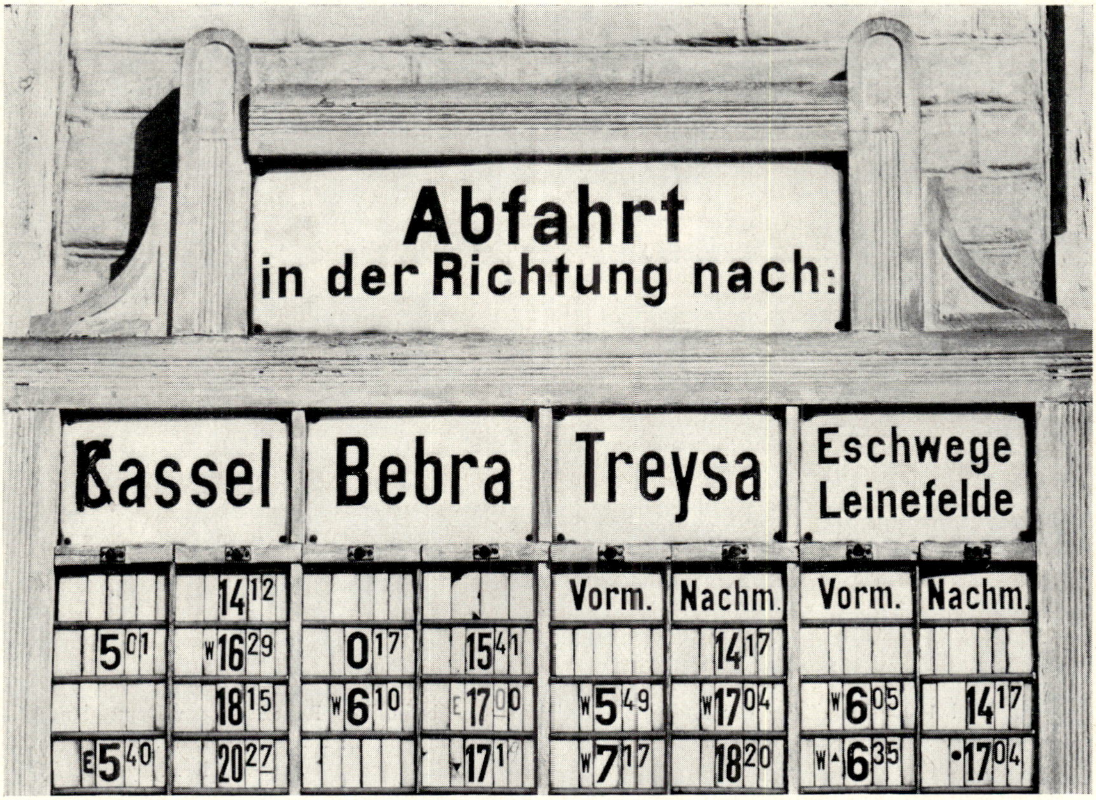

Abfahrt
in der Richtung nach:

Kassel		Bebra		Treysa		Eschwege Leinefelde	
	14¹²			Vorm.	Nachm.	Vorm.	Nachm.
5⁰¹	W16²⁹	0¹⁷	15⁴¹		14¹⁷		
	18¹⁵	W6¹⁰	E17⁰⁰	W5⁴⁹	W17⁰⁴	W6⁰⁵	14¹⁷
E5⁴⁰	20²⁷		▾17¹	W7¹⁷	18²⁰	W▴6³⁵	•17⁰⁴

Bild 100   Das dürfte der älteste, noch „in Betrieb" befindliche Reisezugwagen Deutschlands sein. Er dient als Aufenthaltsraum einer Holzhandlung in Bad Suderode/Harz. Aufnahme 1970 (!)   (Foto: Dr. Heydenreich)

Bild 101   Wenn das nicht der zweitälteste ist . . . ! Dabei mit seinem Alter von hundert Jahren noch immer aktiv! Aufnahme 1967 in Dresden Hbf   (Foto: Lindemann)

Bild 102 Ein vergessenes Relikt aus der Zeit, als man noch seinen Priem kaute und dessen Saft gern irgendwo gelassen hätte. (Foto: Lindemann)

Bild 103 Die Eisenbahnwagen — für den Reisenden Mittelpunkt des Bahnbetriebs überhaupt. Unser Bild zeigt eine schöne, helle Wagenkonstruktion, die von einer verstaatlichten Privatbahn stammt. Aufnahme 1961 in Angermünde (Foto: Knoll)

Bild 104   Sie dürften die bekanntesten Gefährte sein, die Abteilwagen, auf unserem Bild in der preußischen Ausführung, aufgenommen 1967 in Mitteldeutschland   (Foto: Lindemann)

Bild 105   Und hier der spartanische, aber dafür einst billig zu benutzende 4. Klasse-Wagen, 1965 in Zittau aufgenommen   (Foto: Lindemann)

Bild 106 Blick in das
Innere eines sächsischen
Schmalspurwagens mit sei-
nen „klassischen" Holzbän-
ken. Aufnahme 1972
(Foto: Lindemann)

Bild 107 Den Körperformen angepaßt,
dabei der menschlichen Kehrseite nicht
sehr freundlich gesonnen, so waren die
Bänke. Aber kannte man es besser?
(Foto: Lindemann)

Bild 108   Zwei preußische D-Zugwagen, aus dem ersten Jahrzehnt unseres Jahrhunderts zurückgeblieben, bewährt und berühmt, dazu Bestandteil des Eisenbahnwesens in ganz Europa
(Foto: Knoll)

Bild 109 In den dreißiger Jahren wurden D-Zugwagen für hohe Geschwindigkeiten mit den
Luftwiderstand mildernden Schürzen unten gebaut. Doch der Ruhm der Welt vergeht schnell,
1964 dienten sie als Eilzuggarnitur auf der Strecke Gießen — Fulda   (Foto: Maedel)

Bild 110   Kombinierter bayerischer Post/Packwagen für Nebenbahnen, der das Hühnervolk jedoch nicht sehr beeindruckt. Aufnahme 1964 in Heimbuchenthal   (Foto: Maedel)

Bild 111   Die mitteldeutsche Reichsbahn hat ihre alten Abteilwagen modernisiert und dabei die Zahl der Türen verringert. Aus solchen Wagen besteht der 1967 in Ballenstedt-West fotografierte Personenzug.   (Foto: Knoll)

Bild 113 Die wenigen nach 1945 in Deutschland noch gebauten Dampflokomotiven blieben ohne Einfluß auf den Strukturwandel im Verkehrswesen. Lok 23 019 vor Eilzug Kassel — Frankfurt bei Bad Vilbel 1961 (Foto: Maedel)

Bild 112 (linke Seite) Das Eisenbahn-Jahrhundert ist zu Ende. Trotz Modernisierung wird die Schnellzuglok der Baureihe 01 der DB bereits im Güterzugdienst eingesetzt, Strecke Gießen — Frankfurt/M 1963. (Foto: Maedel)

Bild 114 Die letzten französischen Dampflok-Konstruktionen gehören zur europäischen Spitzen-klasse. Unser Bild zeigt die 1949 gebaute 232 U 1 der SNCF bei der Einfahrt in Paris Nord, August 1959. Interessant: Die berühmte U 1 vor einer Garnitur deutscher D-Zugwagen!

(Foto: Wismer)

Bild 115 (rechte Seite, oben) Den mächtigen Schnellzug-Vierkupplern der SNCF hatten die deutschen Bahnen nichts Gleichwertiges entgegenzusetzen. Lok 241 P 17 von Express 755 in Le Mans am 5. 5. 1967

(Foto: Lepage)

Bild 116 (rechte Seite, unten) In England gehörten die Gresley-Pazifiks zur Dampflokelite. Lok 2559 der LNE (A 3) „The Tetrarch" durchfährt den Bahnhof Crow Park

(Foto: Real Photographs Co. Ltd.)

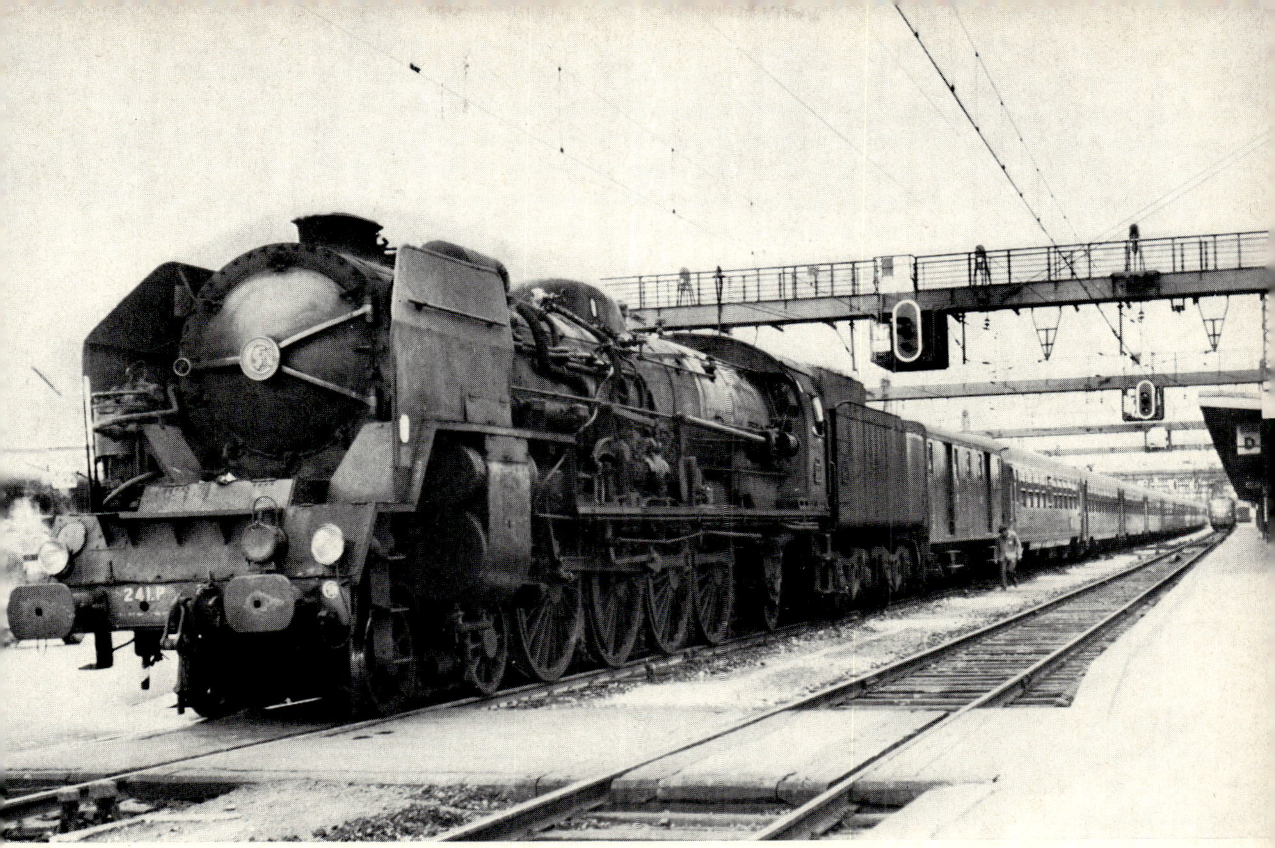
241 P

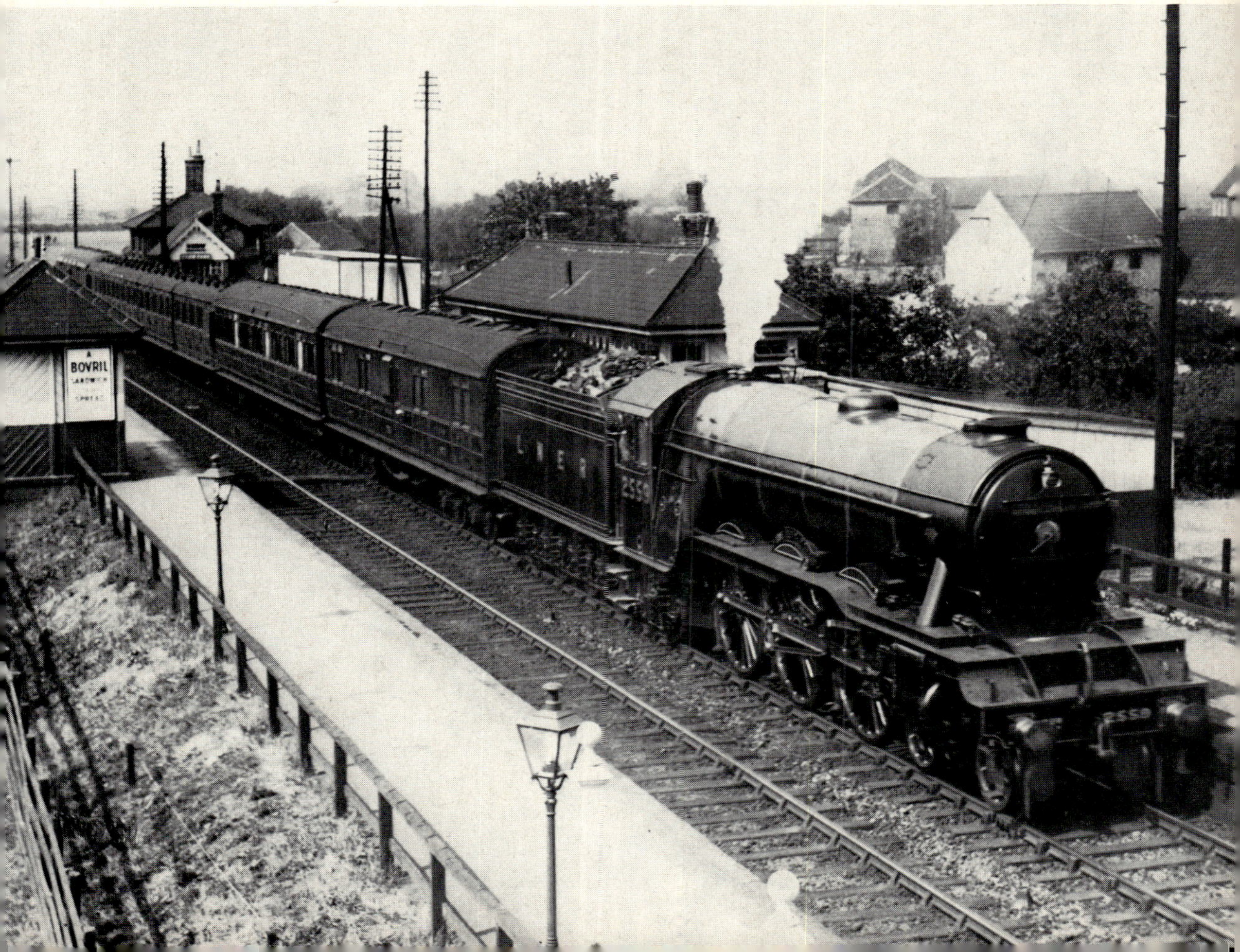
BOVRIL

Bild 117 Die Chapelon-Pazifik 231 E 4 der SNCF ist soeben vor dem Nordexpress in Paris eingetroffen, August 1959. (Foto: Wismer)

Bild 118 Great Western-Lok 4079 „Pendennis Castle" verläßt den Londoner Bahnhof Kings Cross vor dem „Flying Scotsman" 1925 (Foto: Real Photographs Co. Ltd.)

Bild 119 Schnellzug mit der mächtigsten österreichischen Schnellzuglok im Wiener Wald bei Eichgraben-Altlengbach 1937. Lok 214.06 (Foto: Zell/Griebl)

Bild 120 Die „Duchess of Rutland" der britischen LMS vor dem Mittagszug nach Schottland nimmt Wasser während der Fahrt auf (Foto: Real Photographs Co. Ltd.)

Bild 121 Weit spannt sich der Bogen des Eisenbahnwesens, vom internationalen Verkehrsknotenpunkt bis zur Idylle des Kleinbähnchens. Geradezu winzig will uns das Lokomotivchen der Mecklenburg - Pommerschen Schmalspurbahnen erscheinen. Und die Spurweite? 60 cm! (Foto: Lindemann)

Bild 122 Die besonders in Sachsen auf dem dortigen 750-mm-Schmalspurnetz eingesetzten Lokomotiven wollen uns heute in gewisser Hinsicht romantisch erscheinen. Dabei waren die Schmalspurbahnen für die Industrie im Gebirge lebenswichtig.   (Foto: Dr. Heydenreich)

Bild 123 Wegen der starken Gleiskrümmungen in den engen Tälern waren Lokomotiven der
Bauart Meyer mit zwei ausschwenkbaren Triebwerken eingesetzt.   (Foto: Dr. Heydenreich)

Bild 124   Blick auf den Zug des Harzbähnchens zwischen Benneckenstein und Eisfelder Tal-
mühle, Mai 1970   (Foto: Dr. Heydenreich)

Bild 125 Wo die Schmalspurbahn fuhr, herrschte Frieden und Ruhe. Reizvoll ihre Strecken-
führung auf der Insel Rügen, Aufnahme bei Sellin, Juni 1971   (Foto: Dr. Heydenreich)

Bild 126 Bis in unsere motorisierte Welt des Jahres 1970 hat sich noch ein Rest der Bedürfnis-
losigkeit des Eisenbahn-Zeitalters erhalten   (Foto: Dr. Heydenreich)

Bild 127   Was stehen die beiden so tiefsinnig da? Betrauern sie das nahe
Ende der Kleinbahn Mosbach—Mudau?   (Foto: Baier)

Bild 128 Eine Klasse höher stand die vollspurige Nebenbahn. Bayerische Lok 98 1124 fährt aus Thurnau kommend in Bayreuth ein, Sommer 1951   (Foto: Zintl)

Bild 129 Das Spreewaldbähnchen Cottbus — Straupitz mußte längst der Motorisierung weichen. Aufnahme bei Burg 1963   (Foto: Hirth)

Bild 130   Zwei Fotos, die sich fast gleichen — und doch liegen dreißig Jahre dazwischen. Dieses
Bild gehört eigentlich in das Buch „Bekenntnisse eines Eisenbahnnarren", denn es wurde an der
dort erwähnten Schranke des Bahnhofs Guntersblum aufgenommen   (Foto: Maedel)

Bild 131   Eine Lokomotive des gleichen Typs S 3/6 der ehemals Bayerischen Staatsbahn, jedoch nach Modernisierung im Sommer 1962 vor der Ausfahrt aus Augsburg Hbf fotografiert

(Foto: Maedel)

Bild 132   Eilzug Köln — Braunschweig auf der berühmten Steilrampe Erkrath — Hochdahl
mit Steigung 1 : 33, Sommer 1958   (Foto: Maedel)

Bild 133 (rechte Seite, oben)   Eisenbahn und Landschaft — ein Gebiet, reich an Motiven für den
Fotografen. Güterzug im Sinntal bei Gemünden 1962   (Foto: Maedel)

Bild 134 (rechte Seite, unten)   Was sollen wir hier mehr bewundern, den Schnellzug oder die
herrlich blühende Kastanie dahinter? Aufnahme bei Ebernburg 1962   (Foto: Maedel)

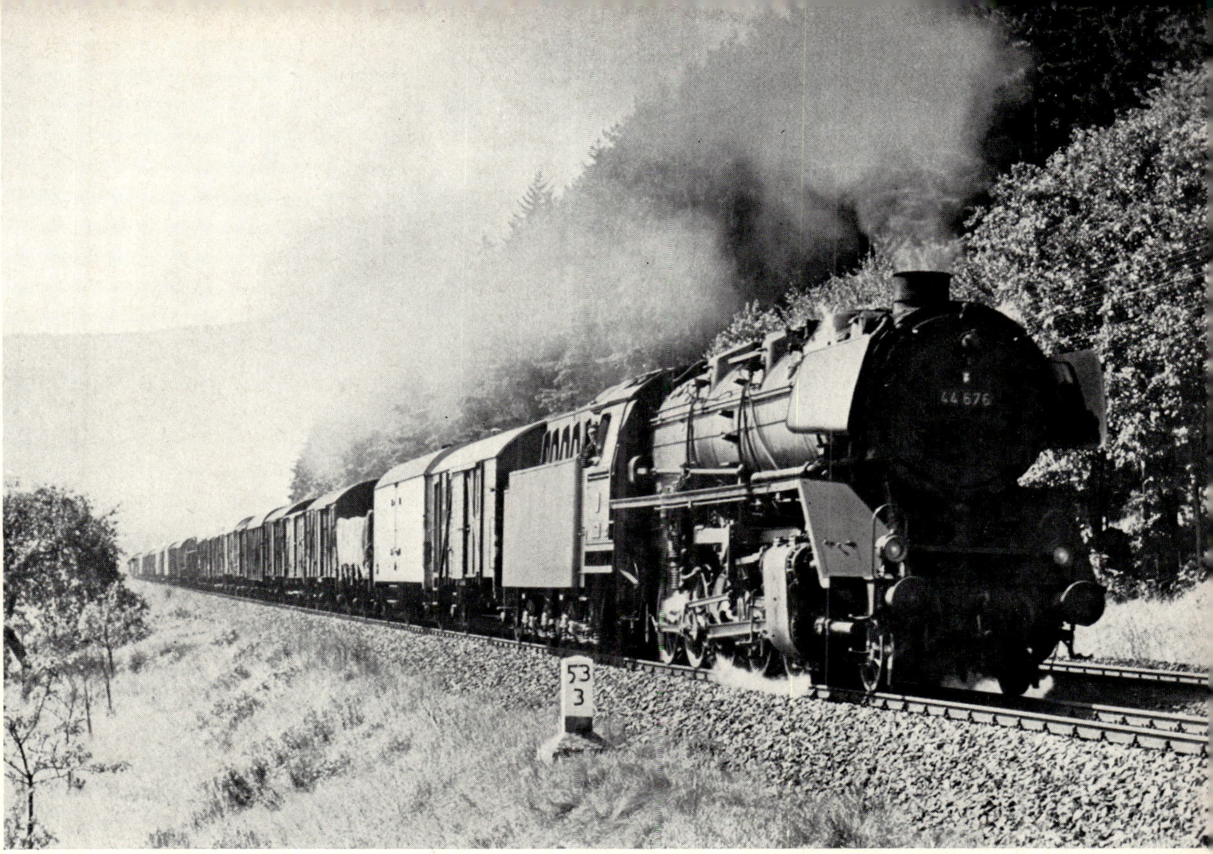
44 676
53
3

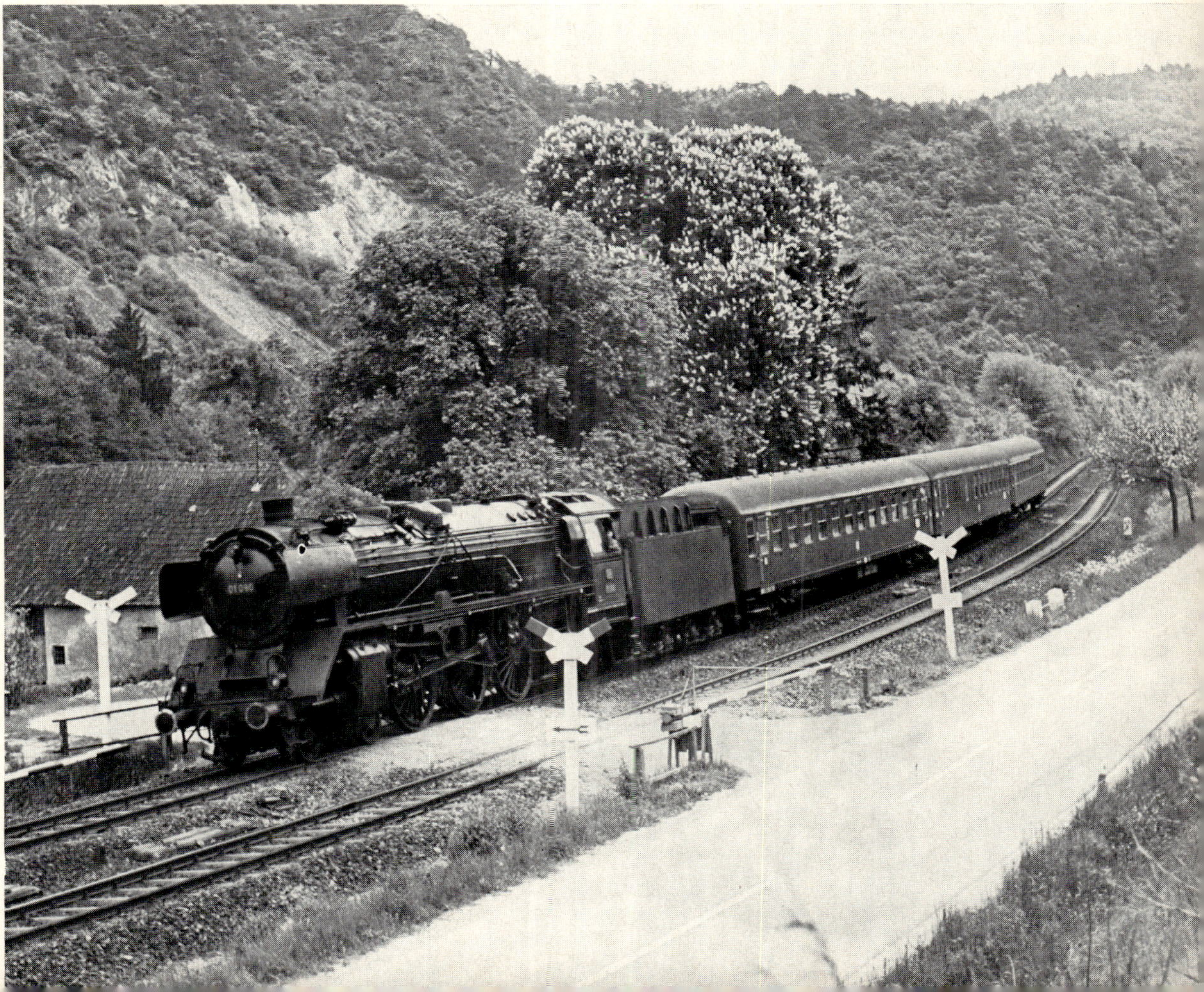

Bild 135 Eine der letzten noch von der Württembergischen Staatsbahn
beschafften Tenderlokomotiven vor der Abfahrt in Friedrichshafen Stadt
(Foto: Maedel)

Bild 136 Nebenbahnzug Dietzenbach — Offenbach, 1960 aufgenommen   (Foto: Maedel)

Bild 137 Österreichische Schnellzuglok 310.20 bei Eichgraben — Altlengbach auf der Westbahn Wien — St. Pölten, um 1936 aufgenommen   (Foto: Zell/Griebl)

Bild 138   Inzwischen hat der Dieselmotor gewaltig aufgeholt.Noch stehen Diesel und Dampf friedlich beeinander. Wie lange noch? Aufnahme 1938   (Foto: Sammlung Lindemann)

Bild 139   Ein weiterer Blick um Jahrzehnte zurück: Schwerer Güterzugdienst mit zwei Loko-motiven der Baureihe 57^{10} auf der Steigung zwischen Ludwigstadt und Steinbach am Wald 1930
(Foto: Köditz)

Bild 140 Eilzug Nürnberg — Hof vor einem schönen alten Bahnhaus bei Stammbach, 1969
(Foto: Maedel)

Bild 141 (rechte Seite oben) Eisenbahn-Jahrhundert, das war das Zeitalter des Dampfes. Schwer arbeitet sich der Zug von Röthenbach nach Harbatshofen im Allgäu hinauf, Aufnahme 1959
(Foto: Maedel)

Bild 142 (rechte Seite, unten) Letzte Dampfwolke im Odenwald bei Wiebelsbach-Heubach, 1969 aufgenommen. Eilzug Frankfurt/M — Stuttgart
(Foto: Maedel)

Bild 144 Frühlingsmorgen zwischen Hiltrup und Münster. Lokomotive der Baureihe 03, Aufnahme 1964

(Foto: Rotthowe)

Bild 143 (linke Seite) Meisterliches Foto vom E 815, Würzburg — Hof, auf der „Schiefen Ebene". 22. 11. 1967

(Foto: Köditz)

Bild 147 Dampfsonderzüge für Eisenbahnfreunde stellen .n vielen Ländern die letzte Erinnerung an das einstige Monopol der Schiene dar. Das Foto zeigt einen derartigen Sonderzug vor der Ausfahrt aus Tours in Frankreich, April 1966   (Foto: Dahlström)

Bild 145 (linke Seite, oben) Eilzug Horb — Stuttgart mit Lokomotiven 038 772 und 078 453 zwischen Bieringen und Bad Niedernau, Mai 1970   (Foto: Stemmler)

Bild 146 (linke Seite, unten) Stimmungsvolles Foto eines Dampfschnellzuges in der Tschechoslowakei. Lok 475.191, März 1970   (Foto: Kocomek)

Bild 148 Letzte Dampfwolke auf der Schwarzwaldbahn — ein Jahrhundert ist zu Ende. Aufnahme am 13. 7. 1969 bei Niederwasser (Foto: Asmus)